识·记

U0899618

识己

人生所贵在知己

—向德荣◎主编—

中国工人出版社

主　编　向德荣

副主编　万　鹏　向　华

编写人员　王太平　王方萍　王锦明
邓念高　孔　鸣　华　颖
华伟芬　向圣权　向德富
何　亮　陈凤兰　罗　亭
罗雨佳　郑惠予　钟悦文
阎　雯　彭维俊　梁　寅

编者的话

庄子的《知北游》中有一段著名的对话——

东郭子请教庄子："你所谓的道，在哪里呢？"庄子说："无所不在。"东郭子说："一定要说个地方才可以。"庄子说："在蝼蚁中。"东郭子说："为什么如此卑微呢？"庄子说："在杂草中。"东郭子说："为什么更加卑微呢？"庄子说："在瓦块中。"东郭子说："为什么越说越过分呢？"庄子说："在屎尿中。"东郭子不出声了。

人法地，地法天，天法道，道法自然。一般人总以为"道"是某种高高在上的原理，其实，道在自然之中普遍存在，万物都显示道，而自然中的一切又皆在道的指引之下。庄子洞彻一切皆由道而来又回归于道，认为"道"就是一个循环往复的整体。

大音希声，大象无形，大道至简。一花一天国，一沙一世界。在那些最简单、最常见的事物中往往孕育着博大精深的内涵。举凡有智慧的人，总能从小细节中看到大景观、从小事件上总结出真智慧。

《识·记》丛书分《识己：人生所贵在知己》《识德：德不孤兮必有邻》《识势：此日中流自在行》《识苦：看似寻常最奇崛》四册，主题分别为认识自己、厚德载物、审时度势、刻苦奋斗，囊括古今中外390个短小精悍、生动鲜活、引人入胜的经典小故事和作者原创故事，其中不乏反映时代精神的名篇，力求通过读故事和识道理，挖掘故事中所蕴含的做人做事的哲理内涵，引领读者品味为人处世的大景观、修身养性的真智慧，希冀借此启迪广大读者有所思、有所悟，心灵豁然，智慧贯通。

《识·记》丛书就像一碗碗热腾腾的“心灵鸡汤”，不到5分钟的时间就可翻阅其中一篇，可以随时随地吟咏品鉴，轻轻松松感受休闲疗养般的书斋生活。

目录 contents

篇首故事

镜前点名

近几年来，某作业班每天早上上班时，老班长肖耘总是在班活动室的大镜子前对全班职工列队点名。

有一次，一位年轻职工大胆地对肖耘班长建议：“我们班就十来个人，一看就知道谁没有来，而且大家都自觉遵守纪律，除了有事请假的，其他人都按时上班，没有必要每天早上都在镜前点名吧？”

肖耘班长解释道：“我当过五年的兵、三年的班长，点名答‘到’成了我的习惯。每天上班都是新的一天，通过在镜前点名，点到谁的名，谁就答应‘到’，同时就能在镜中看到自己和他人的形象。这是很有意义的，可以提醒自己要撸起袖子加油干，努力做好人、做好事，平平安安地完成工作任务，高高兴兴地下班回家。为什么大家都表现优秀、能出色地完成各项任务？这与我们坚持点名不无关系。”

人最大的困难是认识自己，最容易的也是认识自己。很多时候，我们认不清自己，只是因为我们把自己放在了一个错误的位置上，给了自己一个错觉。

每天我们都要照镜子，但是我们在照镜子的时候，可曾问过自己一句话：“你认识我吗？”生命中最困惑的，不是没人懂你，而是你不懂自己。

要想真正了解自己，还有必要问问别人。只有在人群中间，才能认清自己。当局者迷，旁观者清，周围的人能为我们指点迷津，帮助我们最终认识自己、了解自己，扬己所长、避己所短，量知而思、量力而行，让人生出彩。

现实生活中，不知有多少人在不经意间忘记了自己、迷失了自我，甚至不知道自己姓甚名谁。自己提醒自己、别人提醒自己，都有利于自己认识自己、提升自己。如果能经常被“点名”，听到自己的名字后，喊一声“到”或者说“我在”等，就可以提醒自己不要走失。

第1辑

体现价值

人的价值就在于不断地创造新的价值，通过自己的活动满足社会、他人以及个人的需要。

人的价值存在于平凡的事业之中，并在日常生活中孕育升华。

每个人都可以成为内心强大的人，只要找准自己的位置，把自己的人生价值最大化，就可以拥有有价值的人生。

人生如玉

有一位学生请教智者：“您能告诉我，什么是人生的价值吗？”智者拿出一块石头说：“你先把这块石头拿到集市上去卖，无论别人出多少钱，你都不要卖，等你回来后，我再告诉你什么是人生的价值。”

学生拿着石头到集市上叫卖，大家都说这块石头真光滑，把石头的价格从2元抬到了10元。学生高兴地回去对智者说：“这块石头居然能卖到10元！”智者说：“你再把这块石头拿到黄金市场上去卖。”

学生到了黄金市场上叫卖，有个老者说这块石头是个宝贝，大家就把石头的价格抬到了1万元。学生兴高采烈地跑回去对智者说："这块石头居然能卖到 1 万元！"智者笑着说："你再把这块石头拿到珠宝市场上去卖。"

学生到珠宝市场上刚一叫卖，就有人出价 10 万元要买下这块石头。不一会儿，这块石头的价格就被抬到了 30 万元。学生忍住极大的诱惑，急忙跑回去对智者说："这块石头卖到 30 万元了！我的任务完成了，您该告诉我什么是人生的价值了吧？"

智者对学生说："人生价值就像这块石头一样，看你把自己摆放在什么位置。你把这块石头摆放在集市上，它就只值 10 元；你把它摆放在黄金市场上，它就可以值 1 万元；你把它摆放在珠宝市场上，它就能值 30 万元。另外，我还得告诉你，其实这块石头里面含有名贵的玉，根本就是一个无价之宝！"

位置决定价值，态度决定高度。如果你是一块宝，就应该把自己摆放到合适的位置去展示，并坚

信自己仍有潜在的升值空间。不要过于在乎别人的评价，而要重视对自身价值的衡量。

自信决定方向，市场决定前景。如果你是人才，就不要宅在家里孤芳自赏，而要勇敢自信地把自己投放到人才的“试金石”——市场中，并要慎重选好适合自己的市场，让自己尽才显能。

视界决定世界，眼界决定眼光。要学会不断拓展个人的成长空间，在激烈的竞争中提升自我，让自己成为无价之宝。同时，也要具备识真货的“火眼金睛”，做善辨“千里马”的“伯乐”，不断提高自己的识别能力，实现自己与他人的互惠双赢。

飞　翔　梦

威尔伯·莱特、奥维尔·莱特兄弟年幼时跟着父亲放羊，有一天，他们赶着羊来到一个山坡上，看到一群大雁飞过，很快便消失在远方。

弟弟问父亲："大雁要飞去哪里？"父亲说："它们要去一个温暖的地方，在那里安家，度过寒冷的冬天。"哥哥羡慕地说："要是我能像大雁那样飞起来就好了。"弟弟也说："像大雁那样能飞到自己想去的地方，那该多好啊！"父亲对他们说："只要你们想，你们也能飞起来。"

兄弟俩试着张开双臂，但没能飞起来。父亲说："我来飞给你们看。"父亲张开双臂，也没能飞起来。可是，父亲肯定地说："我是因为年纪大了才飞不起来，你们还小，只要不断努力，将来一定能飞起来，飞到你们想去的地方。”

兄弟俩记住父亲的话，一直为此努力奋斗。哥哥 36 岁、弟弟 32 岁时，他们果然飞起来了，因为他们发明了飞机。

人的价值体现在为理想而努力的实现过程中。不经过努力奋斗，理想只能是空想；为自己的理想插上努力的翅膀，才能扫除前进道路上的障碍，朝着成功的方向奋力飞翔。

在努力奋斗的过程中，也许目标看似遥不可及，也许理想看似不可实现，但只要牢记目标、付出努力、永不放弃，就能拨开迷雾看到阳光，不断提升自己的能力与价值，并最终获得成功。

生命清单

五官科病房同时住进来老张、老李两位鼻子不舒服的病人。在等待化验结果期间，老张说："如果是癌，我就立即去旅行，首先去拉萨。"老李表示自己也是这么计划的。

检查结果出来后，老张得的是鼻癌，老李只是长了鼻息肉。老张列了一张生命清单后离开了医院，他决定去一趟拉萨和敦煌，读完莎士比亚的所有作品，然后写一本书……

在这张生命清单的最后，老张写了一段话："我的一生有很多梦想，有的实现了，有的由于种种原因没有实现。为了不留遗憾地离开这个世界，我打算用生命的最后几年去实现剩下的这 27 个梦想。"

当年，老张辞掉了工作，去了拉萨和敦煌，还在报纸上发表了系列散文，为出书做着准备。而老李早已将在医院所说的去拉萨的计划抛到脑后去了。

没有得绝症的人都认为自己人生所剩的时间还很长，总是想“等我有时间再去做”，于是蹉跎了岁月，最后抱憾终生。不幸患有绝症的人，往往在最后短暂的人生中，感受到生命和梦想的珍贵，于是极度珍惜生命、奋力追求梦想。

也许正是对生命认知的差别，才使人们的人生有了质的不同：有些人把梦想变成了现实，有些人则把梦想带进了坟墓。

每个人都应该列出一张生命清单，怀着“时不我待”的心态去做自己想做的事、去实现人生的梦想。梦想不会抛弃苦心追求的人，只要不停止追求，人人都可以沐浴在人生价值的光辉之中。

守住自己的金矿

从前，有一个农夫辛勤耕作一块土地，日子过得很不错，但他还是不满足。有一天，农夫梦见在自家正南方 100 公里处的山下藏有金子。如果能找到，那就发大财了。于是，农夫把自己的地卖了，带着妻子和儿女朝着梦中的方向去寻找金子。

一晃 3 年过去了，农夫不但没有找到藏金子的那座山，而且连卖地的钱也花光了，最后落得囊袋空空、一贫如洗，妻子和儿女都埋怨他。终于，不堪重负的农夫自杀了。

而那个买下农夫那块地的人，通过精心耕种、科学种田，成了远近闻名的富翁。后来，这位富翁知道农夫自杀、他的家人难以维持生计后，便给了他们一些钱购土地、建房子。从此，农夫的家人重新开始了辛勤耕作的生活。

社会上的确存在着坐在宝中不识宝、拥有宝贝不惜宝、自家宝贝不当宝等现象，相当一部分人是“有眼不识宝，黄金当稻草”。我们不要把时间花在叹息、抱怨上，而要用慧眼去审视周围的一切。也许你会发现，宝藏原来就在身边，真正的财富就在自家院子里。

每个人都是一座潜在的宝藏，藏着独特的天赋和无限的能量，关键是你有无决心开发挖掘自己的潜能、能否充分利用各类平台和资源、能否脚踏实地地发挥自己的长处并用心经营自己的人生。

人生的许多寻找，不在于千山万水，而在于咫尺之间。其实，开启财富之门的钥匙就在每个人自己手中，能否挖掘到人生的金矿全靠自己把握。

石子与金戒指

自以为很有才华的阿强在某企业工作了将近10 年，一直没有得到重用，他为自己的“怀才不遇”感到异常苦闷。

有一天，阿强回母校参加同学会，郁闷地问当年教过他的肖老师：“命运为什么对我如此不公？”肖老师捡起一颗小石子扔进乱石堆中，说：“请你找回我刚才扔掉的那颗石子。”结果，阿强翻遍了石堆，也找不出那一颗小石子。

肖老师又将一枚金戒指扔进乱石堆中让阿强找，阿强这次很快就找到了。肖老师没再说什么，只是看着阿强笑。阿强却一下子醒悟了：“当自己只是一颗石子时，就不要抱怨命运对自己不公平。”

面对不佳的际遇、一时的坎坷，千万不要怨天尤人，一定要从自己身上找原因。

金子本身不会发光，是靠反射别的物体的光才变得耀眼。如果金子被扔在垃圾堆里，终日见不了阳光，那也是无法发光的。不过，真的金子是不会一味等待的，而会努力让别人早日发现自己。

要使自己成为一块闪闪发光的金子，确实需要良好的外部环境和条件，不过起决定作用的始终是内因，只要不自我埋没，努力提升自己，总会有闪光的那一天。

种子与土地

丽萍开办了一家家政服务公司，并建立了连锁店，生意十分兴隆。但在此之前，丽萍在事业上遭受了很多挫折。她曾经当过老师、印染工和会计，但都觉得不适应，经常为此闷闷不乐。丽萍的妈妈总是耐心地安慰她、热情地鼓励她：“不要紧，会有合适的工作等着你去做。”

事业获得成功后的丽萍问妈妈：“那些年我连连失败，觉得自己前途渺茫，可您为什么总是对我那么有信心呢？”妈妈说：“前几年，咱们家新开辟了一块地。第一年种上小麦，结果没有几粒种子发芽。第二年，我试着种大麦，结果产量也很低。第三年，我想不能再盲目种田了，便请教了村里的科学种田能手，在专业的指导下种了大豆，结果获得了大丰收。所以啊，一块土地总会有一类种子适合它，并能获得丰收。种庄稼是这样，找工作当然也是如此。”

如果你是一块土地，必定会等到属于你的种子；如果你是一颗种子，也必定会找到属于你的土地。让合适的种子在合适的土地上生根、开花、结果，才能体现真正的价值。人生活在社会中，总会有适合自己的一个工作岗位，让自己能够有所作为、人生出彩。

大多数人在很多时候都是迷茫的，不知道自己能做什么、怎样去做，这时就要允许自己用一定的时间去探索自己是什么类型的种子、适合什么类型的土地。在这个探索的过程中，千万不要害怕失败，而要跌倒后再爬起来，努力将失败转为成功。

要知道，现在的失败并不代表永远的失败，正是因为失败，才有机会选择适合自己的事情去做。

小　石　头

一个孩子在路边捡了一块小石头，玩了一会儿就随手把小石头扔在了路上。小石头对孩子说："你把我扔在路上，我就成了行人的绊脚石，那多不好啊！"孩子说："那你想让我把你扔到哪里？不管在哪里，你都只是一块小石头啊！"

小石头很认真地说："我在不一样的地方有不一样的作用。如果你把我扔到工地的石堆里，我就可以与水泥一起形成混凝土，成为高楼大厦的一分子。"

孩子听了小石头的话很感动，摸了摸小石头，说："我想随身带着你，请你做我的知心朋友，时刻提醒我将来要做一块为社会作贡献的小石头！"

雷锋在日记中写道：“一个人的作用，就如一架机器上的一颗螺丝钉。机器正是因为有许许多多螺丝钉的联结和固定，才成为一个坚实的整体，才能够运转自如，发挥它巨大的工作能力。螺丝钉虽小，其作用是不可低估的。我愿永远做一颗螺丝钉。螺丝钉要经常保养和清洗，才不会生锈。人的思想也是这样，要经常检查才不会出毛病。”

“小石头”如同“螺丝钉”，虽然个头很小，但作用很大。我们每个人都是集体和社会中的一分子，要自觉地融入集体和社会中，甘于平凡、恪尽职守，体现自己的价值，为集体和社会作出自己应有的贡献。

永远成长的苹果树

一棵小苹果树在第一年结了 20 个苹果，被人拿走 18 个，自己得到了 2 个，只占总产量的 10%。对此，小苹果树愤愤不平，拒绝成长。

第二年，小苹果树只结了 10 个苹果，8 个被人拿走，自己得到了 2 个。虽然所得的个数与去年相同，但占总产量的比例上升到了 20%。这下，小苹果树的心理平衡了。

老苹果树对小苹果树说："你这样计较个人得到多少的成长方式不妥，无异于自断经脉。你应该改为不计个人得失而多结苹果的成长方式，这样才能实现双赢。"

于是，小苹果树不再抱怨自己得到的不多，而是努力成长、积极结果。第三年，小苹果树结了100个果子，被人拿走90个，自己得到了10个；第四年，小苹果树结满了1000个果子，自己得到了100个……贡献大了，自己得到的也多了，小苹果树成长的积极性更加高涨，立志以后结出更多的果实，成为一棵永远成长的苹果树。

一个看得见的明确目标，胜过无数次盲目的行动。苹果树的价值并不在于它能得到多少果子，而在于它的继续成长。等苹果树长成参天大树的时候，即使人们在它身上的索取逐年增多，也不会影响它的自我满足感。

无论遇到什么事情，都不要愤懑埋怨，切莫故步自封、拒绝成长，要坚持走好自我成长之路，乐于做一棵永远成长的苹果树。否则，你的付出对你的整个人生来说，也不过就是简单的重复而已。

鲜花与塑料花

有一家人的窗台上摆着一盆鲜花和一盆塑料花。塑料花对鲜花说："现在的你娇艳夺目，比我漂亮可爱，但是你的花期很短，不久就会枯萎。"鲜花回应道："你说的没错，我的花期有限，但我是有生命的植物，而且能散发迷人的芬芳。尽管你能长期保持现在的样子，但你毕竟是塑料做成的，会给家里带来一定的污染。"

半个月之后，鲜花自然枯萎了，主人随手把它扔进了屋内的垃圾筒里。塑料花不无得意地说："你是有生命的真花，可这又有什么用？最后还不是落得这样的下场！而我呢，会永远在这里供人们观赏。"枯萎的鲜花说："我的生命虽然短暂，但我感受到了它的价值，而你却永远感受不到生命的真实价值！”

生命的价值不在于长短，而在于对人类社会奉献了多少。自然的生命才是灿烂美丽的，虚伪的生命尽管在伪装下能保存得长久一些，但对人类而言，终究是健康的慢性杀手。

人生短暂，只有拥有健康积极的人生，才能不断释放利人利己的正能量。在追求生命价值的过程中，不要让虚假的人和事影响自己对价值的判断，而要懂得美化生活环境，更要牢记珍爱自己的生命。

瓶子的价值

有一天，主人家的几个瓶子聚在一起讨论价值。

高级白酒瓶得意地说：“在这里，我的价值最高，装的都是几十元甚至几百元一斤的酒。”

酱油瓶和醋瓶说：“只能说我俩的价格不如你高，但我俩是生活必需品，虽然价格不贵，但每一餐都不能缺少，使用价值很大！而酒喝多了，对人的身体是不利的，也就谈不上什么价值了。”

过了一段时间，瓶子全都空了，主人便拿到废品站卖了 2 元钱。瓶子们你看看我、我看看你，都不知说什么好，心想：“怎么我们合在一起，也才值这么点儿钱？原来，高级白酒瓶也没比我们特殊！”

空油瓶忍不住说话了：“我们装什么东西，别人就叫我们什么，装某某牌子的酒时，别人就说我们是某某酒。只有瓶子空着的时候，别人才叫我们瓶子。原来，我们拥有什么东西后，就不是自己了。”

瓶子本身的价格相差无几，不同之处是其所装内容的价值区别。如果把人比喻为一个空瓶子，那么人生价值的高低就取决于你内在追求的品质。你的所得和你的追求是成正比的——心里装着善良、宽容、真诚、感恩，你的人生就充满了阳光；相反，心里装着恶毒、狭隘、虚伪、贪婪，你的人生就会被阴影裹挟。

人生价值的命脉掌握在自己手中，做人要有实际追求，不要妄自菲薄，也不要好高骛远。自身价值的最终实现，取决于积极健康的目标和谦虚务实的态度。一个人在进取的征程中，只有正确务实地发掘自身价值，才不会误入歧途、被社会抛弃。

第2辑

把握命运

生活是自己创造的，每个人都应该将命运牢牢地掌握在自己的手中。

一个人命运的好坏并非由天注定，不要糊涂地将命运的主宰权拱手让人，要时刻谨记自己就是命运的唯一主人，未来的命运与人生的蓝图就靠自己设计。

命由己造，莫向他求；努力奋争，自可丰收。生命只有走出来的精彩，没有等出来的辉煌！

命运在自己手中

年轻人小刚在河边散步，捡到一条从水中跳上岸的小鱼。他对小鱼说："小鱼啊，此刻你的命运就掌握在我的手中。我把你放回水中，你就可以活；我稍稍用劲一捏，你就会死亡。"一旁的华老听到后，对小刚说："对于小鱼来说，命运只能掌握在你的手中。你何不创造一个命运的奇迹，把小鱼放回水中呢？"

小刚听了华老之言，把鱼放回了水中。看着欢快游走的小鱼，小刚不由得感慨："我就像刚才那条小鱼，命运半点由不得我，到现在也实现不了自己的理想。要是有人能为我创造命运的奇迹，让我快快乐乐地工作和生活，那该多好呀！"华老说："你渴望成为被别人掌握着命运的小鱼，可你却不知，你的命运就掌握在你自己手中。”

人的生命是可控的。我们是自己命运的缔造者，对自己生命的走向拥有优先决定权，而这取决于各人不同的态度和意志。即使我们无法改变环境、无力改变现状，也可以努力改变自己的心境。

一个生命所要肩负的责任使命是无法逃避的，而对责任使命的接受和承担意味着自觉创造生命奇迹的开始。我们每个人都应该用直面坎坷的从容和睿智去把持自己，驾好自己的人生之船。

请自找伞

一个人在屋檐下躲雨，看见一个和尚打着伞走过。这人说："大师，你应该普度众生吧！打伞带我走一段如何？"和尚说："我在雨里，你在檐下，而檐下无雨，你不需要度。"

这人立刻跳出檐下，站在雨中说："现在我也在雨中，你该度我了吧！"和尚说："我在雨中，你也在雨中。我没被雨淋，是因为有伞；你被雨淋，是因为无伞，所以不是我度自己，而是伞度我。你不必找我，请自找伞！"

使口不如自走，求人不如求己。如果你想真正

拥有自己的人生，就要将命运之舵牢牢掌握在自己手中，用自己的双手去驾驭命运的罗盘。

自助者，天助之。当一个人走到低谷、身处困境时，最重要的是自助。在茫茫大雨中，与其等天助，不如自助；与其等别人度，不如自度。不要空等，不要观望，不要踟蹰，而要竭尽全力寻找自己的那把伞。

要想拥有成功的人生，首先得做到对自己负责，做最好的自己，才有可能得到他人的帮助，否则谁也帮不了你。如果总想把脱离自我困境和别人的“普度”捆绑在一起，就注定一无所成。

呼唤自己

每天清晨，不等寺院里的晨钟敲响，僧侣们就被老方丈的呼唤声喊醒了。不过，老方丈呼唤的不是僧侣们的名字，而是他自己的名字。

一位小和尚问老方丈："您怎么天天呼唤自己的名字呢？这样做有什么玄机吗？"

老方丈笑笑说："我天天晚上在梦中出走，甚至云游四海、腾空万里，根本无法约束自己。醒来后，当然就要呼唤自己的名字，把自己及时地唤回来呀！不然就会把自己弄丢，再也找不到自己了。"

在现实生活中，不知有多少人在不经意间忘记

了自己、弄丢了自己、迷失了自我，把道德丢了，把诚信丢了，把良心丢了，甚至不知道自己姓甚名谁。其实，每个人都需要不时地呼唤一声自己的名字，让自己忘却凡尘纷扰，倾听自己的心声，洞察自己的思绪，“召回”真正的自己。

呼唤自己，也是提醒自己。如果你昨天懒惰了，那就提醒自己今天要勤奋；如果你昨天自卑了，那就提醒自己今天要自信；如果你昨天傲慢了，那就提醒自己今天要谦恭；如果你昨天好高骛远了，那就提醒自己今天要脚踏实地；如果你昨天在十字路口徘徊不定，那就提醒自己今天要背上责任的“十字架”，在正确的道路上奋勇向前。

找到新的道路

有两个孩子，一个喜欢弹琴，想当音乐家；一个爱好绘画，想当美术家。然而不幸的是，想当音乐家的孩子，耳朵突然聋了；想当美术家的孩子，眼睛突然瞎了。两个孩子非常伤心，抱怨命运对他们太不公平。

一位老人从两个孩子身边经过时，听见了他们的抱怨。他走上前去，先对耳聋的孩子比画着说：“你的耳朵虽然坏了，但眼睛还是明亮的，为什么不改学绘画呢？”然后，他对眼瞎的孩子说：“尽管你的眼睛坏了，但耳朵还是灵敏的，为什么不改学弹琴呢？”

两个孩子听后心里一亮，他们擦干眼泪，开始在新的领域不断努力。果然，耳聋的孩子后来成了美术家，眼瞎的孩子后来成了音乐家，两人都名扬四海、饮誉天下。

后来，两人又遇见了那位老人，便拉住老人连连道谢。老人笑着说：“不用谢我！事实证明，当命运堵塞了你的一条道路时，常常还会留下另一条道路。只要努力奋斗，就能找到新的道路！”

一扇门关上了，就一定会有一扇窗打开。如果确定人生奋斗目标后，原有的环境和条件发生了变化，那么就要根据新的环境和条件来重新确定奋斗目标，完全无须死守最初的选择。

如何确定并实现新的目标呢？那就必须对自己有清晰的认识、准确的定位，懂得扬长避短，并持之以恒地努力前行，切不可沉溺在无尽的抱怨中，也不可漫无目的地乱走，白白荒废人生。

扼住命运的咽喉

1796年，年仅26岁的贝多芬创作了3首奏鸣曲。可是就在这时，痛苦叩开了他的命运之门——由于治疗不善，他的耳咽管炎转为慢性中耳炎，听觉越来越衰退。到了1820年，他的两耳完全失聪。这是多么大的打击啊！

然而，贝多芬没有向命运屈服，他说："我要扼住命运的咽喉。"为了克服失聪带来的音乐创作困难，他就坐在乐队旁边看乐器演奏和演员歌唱。到了晚年，这个办法也不管用了，他就在作曲时找来一根小木杆，一端插在钢琴箱里，一端咬在牙齿中间，用来"听"音。

最终，贝多芬留下了32首钢琴奏鸣曲、16首弦乐四重奏、9 部交响曲、5 首钢琴协奏曲等，为人类创造了巨大的精神财富。

贝多芬是迎着身体的缺陷，以超凡的智慧、必胜的信心和顽强的毅力去战胜困难，从而走向成功的。可见，“不论怎样不幸，都会带来某种幸运”。

遇到困境，如果不顾变化、固守最初的选择，就难以成功；如果不经努力、轻易改变了最初的选择，也难以成功。因此，将“不幸”转化为“幸运”的关键在于，碰到挫折、面临困难、身处逆境时，不要只顾埋怨上天的不公，而要相信天无绝人之路、我命由我不由天，牢牢掌控住命运的罗盘，想尽一切办法冲破困境，根据主客观条件的具体情况进行全面分析、正确选择解决办法，才能收获属于自己的成功和幸福。

打好手中的牌

年轻人青山总是对自己所从事的工作不满意，而且喜欢与别人比较，羡慕这人机遇好，嫉妒那人得好处，认为自己运气不好，总是吃亏。

一天，青山下班后与几位师傅玩纸牌，他手气不好，抓的都是很糟糕的牌，连输好几局后，他忍不住大骂起来，嚷嚷着要重新抓牌。江舫师傅对青山说："打牌有打牌的规矩，抓牌是随机的，不管抓到什么牌，都必须用手中的牌打下去。即使手中的牌不好，也必须勇敢面对，努力把自己的牌打好，力争得到最好的结果。"

从此以后，青山用"打好手中的牌"这句话不断激励自己，学业务、钻技术，努力做好每一项工作，经过两三年的努力，终于成了企业的技术标兵。每当人们向他请教成功的经验时，他总是说："打好自己手中的牌。"

印度前总统尼赫鲁说："生活就像是玩扑克，发到手里什么牌是定了的，但你可以决定怎么尽力打好。"如果我们把自己所处的环境、自己不能左右的局面看成是上天发给我们的一副牌，那么"打好手中的牌"就是我们能够做出的最明智的选择了。

在命运的牌桌上，即使拿到特别差的牌，也不必抱怨和气馁，而要尽可能地组合好手中的牌，尽最大的努力打好，这样才会出现转机。最宝贵的武器是搏杀的信心和勇气。无论如何，永远不要轻易摊牌，你怎么知道对方的底牌就一定比你的好？很多时候，命运的成败只取决于你是否敢于打好手中的坏牌，是否用尽全力坚持打完最后一张牌。

买梦人与卖梦人

甲乙两个人在海边玩累了，就躺在沙滩上睡着了。甲做了个梦，梦见对面的岛上住着一个大富翁，在大富翁的花园里有一株白茶花，它的根下埋着一坛黄金。甲醒来后，把梦告诉了乙，并叹息着说："真可惜，这只是个梦。"乙听了相当动容，对甲说："你可以把这个梦卖给我吗？"

乙买了梦以后，就朝着那座岛出发，费了千辛万苦才到达岛上，果然发现岛上住着一位大富翁，大富翁的花园里真的有很多茶树，于是乙自告奋勇地做了大富翁的园丁。

茶花一年一年地开，乙也一年一年地重复翻掘种茶花的土。就这样，茶树越长越好。终于有一天，地里长出了一株白茶花，乙从白茶花的根底挖了下去，真的挖出了一坛黄金！

乙带着黄金回到家乡后，成了当地最富有的人。而爱做梦的甲虽然不停地在做梦，但他从未圆过梦，最终还是一个穷光蛋。

当命运抛出一个机遇时，只有付诸行动的人才能成功，而空谈计划的人只能原地踏步。

梦想虽然遥不可及，但只要我们坚持，总会有实现的一天。只有果敢地付出行动，才能到达成功的起点，才能使目标成为一股活的力量，才会使梦想逐一成真。

勇于做梦，是成功的动力之源；敢于行动，才能抵达梦想的彼岸。那些只会做梦却不去实践的人，无论拥有多么美丽的梦想，最终都不会收获甜美的果实。

桌椅的位置

在一间教室里，摆在第一排的桌椅不禁得意地笑出声来："哈哈哈，大家一起来到这个教室，只有我们摆在第一排，这说明我们质量好、很漂亮。"

摆在第二排的桌椅有些着急了，但扭头一看，发觉身后还有六排同样的桌椅，于是对第一排桌椅说："我们不比你们差，所以也位居前列了！"

摆在第三排、第四排、第五排的桌椅心想："反正我们处于中间，不好也不坏，懒得与你们争辩。"摆在第六排、第七排、第八排的桌椅则一直默默无语。

后来，教室进行地面整修，桌椅都被抬出来摆放在走廊上。于是，第七排、第八排桌椅被放在了最上面，而第一排、第二排桌椅被放在了最下面，而且被压得气喘吁吁，一个个叫苦不迭。

教室整修完毕后，桌椅的摆放位置正好与原来的相反——最后面的桌椅被放到了最前面，最前面的却被放到了最后面。这时，所有桌椅才认识到，自己被放在什么位置，都是随机摆的。

每个人都有自己的位置和生存空间，但并没有高低贵贱之分，只是发展机遇不同，因为时代的机遇不可能惠及每一个人。

面对个人在社会中所处位置和生存空间的变化时，面对暂时的利益差距或身份差别时，我们应该时刻保持一颗平常心，不能存有小心眼，不要你争我抢，不要嫉恨觊觎，不要揶揄挖苦，而要以平和的心态面对变化。

无论机遇对自己青睐与否，都能做到不骄不躁、随遇而安、顺势而为，才不失为智者风范。

底层也有阳光

一棵大树最低的主树枝的分枝上长出了一些嫩树叶，它们问分枝妈妈："我们上面有很多主树枝、分树枝和树叶，把阳光和雨露都挡住了，我们怎么生长啊？"

"孩子们，你们看看我，我不是长得很粗壮吗？你们再看旁边的哥哥姐姐，不是照样长得嫩嫩绿绿的吗？"分枝妈妈说，"我们上面的树叶虽然很多，但还是留下了许多空隙，有空隙就会有阳光透过来、雨露渗过来。你们看，现在地面上还有星星点点的阳光呢，阳光是挡不尽的！而且我们可以努力生长，将自己向外延伸，避开上面的遮挡，这样就能看见更多的阳光、吸收更多的雨露了！"

听了分枝妈妈的一席话，这些嫩树叶对未来充满了信心。

每个人都有自己特殊的生活环境和条件，不要埋怨在你上面的人夺去了你生存与发展的资源，更不要因此自暴自弃，失去生活的信心。也许相比一些人，你的人生少了很多发展机遇，但你要始终相信，即使处于低谷中，也总会有一丝阳光照耀着你。珍惜这一丝阳光，就是对自我价值的肯定。

万物生长靠太阳，阳光是无私的，社会是公正的。只有拥有自信，充分认识到即使在底层也能得到阳光普照，才能在困厄的环境中做出不凡的成绩。我们要适应自己所处的环境和条件，立足此时此地此身，昂扬斗志、奋勇向前，才能把握自己的命运，过上幸福美满的生活。

大树与小树

一棵小树发现自己长歪了，便问旁边的大树："我现在长歪了，难以有栋梁之用，该怎么办啊？""不要急。"大树对小树说，"我小时候也长歪过，只要及时进行矫正就会变直的。""我也要矫正，请您指点！"小树恳求道。

大树请来矫正工为小树矫正，矫正工在小树周围搭了个架子，一边用木杆顶，另一边用绳子拉。"真痛呀！"小树忍不住叫出了声。大树说："矫正是一个痛苦的过程，你一定要坚持住。""为了长正成材，我会坚持的。"小树坚定地说道。最终，经过漫长、疼痛的矫正过程，小树逐步长高了，并且长得笔直挺拔。

树要从小育，人的成长也是这样。如果能及时发现树长歪了，就可以早日矫正定型，促其健康生长。同样，如果发现了自己的缺点，一定不能容忍拖延，而要尽早寻求有效的矫正办法。

每个人都需要有自我纠错意识和自律精神，否则就会耽误自己的及时矫正和健康成长。纠错会伴有不小的痛苦，这就需要具备顽强的意志。一个人只有经历过痛苦并在困厄面前决不妥协，才能把握命运的方向，重塑生命的美好形象。

第3辑

以己为镜

自我了解是一个贯穿终生的过程。

为了真正地了解自我，就要客观地审视自己、跳出自我、观照自身，如同照镜子，不但要看左边，也要看右边；不但要看正面，也要看反面；不但要看到自身的亮点，更要觉察自身的瑕疵。

只有真正地了解自己的长处和短处，扬己所长、避己所短，量知而思、量力而行，才能准确定位自己的人生坐标，从而有效地把握机遇，让人生出彩。

认 识 自 己

寺里新来了一个小和尚，第一天见方丈时，他诚恳地说："我初来乍到，请方丈告诉我应该先干什么。"方丈微微一笑，说："你先认识一下寺里的众僧吧！"

第二天，小和尚又来见方丈，诚恳地说："寺里的众僧我都认识了，现在应该干什么呢？"方丈还是微微一笑，说："肯定还有僧人你没认识，你接着去认识吧！"

三天后，小和尚再次来见方丈，满有把握地说："寺里的所有僧人我都认识了，我可以做别的事情了吧！"方丈仍然微微一笑，说："还有一个人你没去认识，而且这个人对你特别重要。"

小和尚满腹狐疑地走出方丈室，一个人一个人地询问、一间屋一间屋地寻找，但无论如何也找不出自己还不认识而且对自己特别重要的那个人。

有一天，小和尚在一口水井里看到了自己的倒影，豁然顿悟——原来，那个人就是自己啊！

识道理

识人不易，识己更难，能够做到了解自己是最难能可贵的。

认识自己别无他途，一是要通过自我观察来认识自己，在日常生活中经常反省自己的点滴表现，找出自己的优点和缺点；二是要通过他人评价来了解自己，“旁观者清”的他人能为“当局者迷”的我们指点迷津，帮助我们最终认识并了解自己。

不过，对自我的认识一定要与自己的实际情况相符合，并要持续不断地调整自我认知、修正自我行为。

以自己为镜子

爱因斯坦小时候十分贪玩，而且把父母的再三告诫当作耳边风，这样的状况一直持续到他 16 岁。

有一次，父亲将正要去河边钓鱼的爱因斯坦拦住，说："昨天，我和杰克大叔清扫南边工厂的一个大烟囱，钻出烟囱后，我发现大叔的后背、脸上全都被烟灰蹭黑了，而我身上竟连一点烟灰也没有。我看见大叔的模样，心想我肯定和他一样，脸脏得像个小丑，于是我就到附近的小河里清洗。而大叔看见我钻出烟囱时干干净净的，就以为自己也和我一样干净，于是只草草洗了洗手就大模大样地上街了，结果街上的人都笑痛了肚子！"

爱因斯坦听罢大笑起来，父亲严肃地对他说："其实，谁也不能做你的镜子，只有自己才是自己的镜子。拿别人做镜子，白痴也会把自己照成天才。”爱因斯坦顿时满脸愧色。从此，他离开了那群顽皮的朋友，并时时用自己做镜子来审视自己，终于映照出了不朽的生命之光。

爱因斯坦曾果断地拒绝出任以色列总统，他说：“我的整个一生都在同客观世界打交道，因而缺乏处理行政事务和公正对待他人的才智和经验，所以我不适合这个职位。”

每一个人都是独一无二的，从奋斗之始就应该有自己独特的人生目标和生活方式，而不要盲目地与别人做比较。一个人因志得意满而骄傲或因自惭形秽而沮丧，都是非常愚蠢的表现。

成功的奋斗需要理想的向导，而在这个世界上最可靠的人生向导就是自己。以自己为镜，就是要不断“解剖”自己、扬长避短，最大化地发挥自己真正的价值。

磨砖岂能成镜

南岳怀让禅师有一弟子名叫马祖，马祖在般若寺时整天盘腿静坐、苦思冥想。怀让禅师问他：“你这样盘腿而坐是为了什么？”马祖答道：“我想成佛。”

怀让禅师听后拿来一块砖，在马祖旁边的地上用力地磨。马祖问：“师父，你磨砖做什么？”怀让禅师答道：“我想把砖磨成镜子。”马祖又问：“砖怎么能磨成镜子呢？”怀让禅师说：“砖既不能磨成镜子，那你盘腿静坐又怎能成佛？”

马祖问道：“要怎么做才能成佛？”怀让禅师答道：“就像牛拉车，如果车不动，你是打车还是打牛呢？”马祖豁然开悟。

磨砖成镜如同掘地看天、缘木求鱼、炊沙作饭一样，虽是苦行，但无法达到目的，只是空耗时间和精力。禅悟不等于一味枯坐，而是要反观自心，才能洞见真如。

撼山不易，撼己更难；心随己动，机杼自通。当我们想方设法仍难以改变外物时，何必要愚执呢?倒不如退一步先去认识自己，再尝试努力改变自己。在自己为外物所困时，应决然抛开“我执”，以求在顿悟中抵达“真我”境界。

没被改掉的梦想

在美国某校的一堂作文课上，老师布置的作文题目是“我的志愿”。一位学生在本子上写下了这样的话：我希望将来拥有一座十余公顷的庄园，在里面建造小木屋、烤肉区和休闲旅馆，除了自己住在那儿外，还可以为前来参观的游客提供住处。

老师看了这篇作文后要求这位学生重写，并且告诉他：“我要你们写下自己的志愿，而不是这些如梦呓般的空想，我要实际的志愿，而不是虚无的幻想。”这位学生不肯妥协：“这是我真正想要的志愿，我不愿意改掉我的梦想。”老师摇了摇头说：“如果你不重写，我就不让你及格了。”最终，这位学生的作文只得了一个“E”。

30 年后，老师带着一群学生到一处风景优美的度假庄园旅行。在尽情享受无边的绿草、舒适的住宿和香味四溢的烤肉之后，庄园主向他走来。原来，庄园主就是当年作文不及格的学生，如今的他真的实现了当年的梦想。老师不禁感叹："30 年来，我不知道用成绩改掉了多少学生的梦想，而你是唯一没有被我改掉梦想的学生。"

在五光十色的大千世界中，不要随意改变自己和他人最初的梦想，最初的梦想往往是最真的，既是对自我成长最纯真的认识，也是对人生目标最纯粹的期待，一旦改错，无异于将一份美好扼杀在萌芽状态，无异于将一艘起帆的船扭转了前进方向。

最初的梦想是值得仔细规划、认真落实的目标，只要拥有梦想，只要梦想切合实际，只要愿意为梦想付出辛劳、坚持奋斗，梦想就一定能成真，成功就不会被改掉。

笨鸟先飞

森林里住着一群小鸟，其中一只小鸟天生愚笨，做什么事都落后于其他小鸟。

马上就要学习飞行了，这只小鸟担心自己跟不上，心想："虽然我比较笨，但是我可以自己先练习，说不定就能飞得和其他小鸟一样好呢！"

于是，这只小鸟每天早出晚归地坚持练习飞行，克服了重重困难，不惧怕每次失败，终于可以和别的小鸟一起在蓝天中飞翔了。

笨鸟有自知之明，懂得自己比别人愚笨，但又不乏先见，能够每天早出晚归地勤练飞行的本领。

它的艰辛付出和加倍努力，最终让它学有所成。

有自知之明的人不会在生活的迷雾中走失方向，而且能客观地认识自己的短板，从积极的自省中补短、崛起。

每个人都有自己的长处和不足，对待不足不必郁闷气馁，只要坚持践行“笨鸟先飞”的精神，进步与成功就会属于你。

猴子打伞

一只猴子看到行人打着伞，既能遮太阳，又能挡风雨，心想要是自己有一把伞该多好啊！

有一天，猴子在路边捡到了一把旧伞，它如获至宝，拿着到处炫耀。这时，突然下起了暴雨，动物们都赶忙躲雨，猴子想打开伞挡雨，却发现自己还没有学会把伞打开的方法。

动物们看着淋成落汤鸡的猴子，不由得大笑起来，猴子只好丢掉伞跑去躲雨。

“强不知以为知”只会让自己沦为他人的笑柄，这是人们在得意时常犯的错误。正如小溪里的鱼以为

自己很庞大，到了大海里才知道自己的渺小。

人贵有自知之明，在任何情况下，都应该保持头脑清醒，不要忘了自己是谁，要知道自己该待的地方、该做的事情，不懂装懂只会丑态百出、丢人现眼。

蛤蟆学走路

久居河边的一只蛤蟆对自己用四条腿一蹦一跳的走路方式极为不满，它想如果能像人那样用两条腿走路该有多幸福啊！于是，它不停地到河边的寺庙里拜佛许愿，祈愿有朝一日能像人一样走路。

年复一年，蛤蟆的诚意终于打动了神灵，实现了它两条腿走路的愿望。蛤蟆迫不及待地用两条腿站了起来，骄傲地迈开原先的后腿，大步流星地走了起来。

可是，蛤蟆只知道往前走，还不会转向和后退，于是它离河边越来越远，不仅无法走回水边，也无法用两条腿跳起来捕捉食物。最终，无法适应两条腿生活的蛤蟆饥饿难当，只得再向神灵祈愿恢复四条腿的生活。

任何生物都有自己生存、活动的环境和规律。“围在城里的人想逃出来，城外的人想冲进去，对婚姻也罢，职业也罢，人生的愿望大都如此。”但这样做的结果往往是邯郸学步，弄巧成拙，酿成悲剧。

有的人身在福中不知福，总是羡慕别人，认为自己不如别人，想改变自己的生活环境和方式，因此盲目地模仿他人，逐渐丢失了自身生存和发展的基础和条件，而且无法适应新的生活环境和方式，从而陷入困境中失去自我、无法成长。

在物欲横流的现实世界中，我们应该时刻谨记自己是什么样的人、感恩自己所拥有的一切，不羡他人、不输自己，而不是徒羡他人、无视自己。

兔子学乌鸦

一只乌鸦坐在树上，整天无所事事。

一只兔子看见优哉游哉的乌鸦，就问："我能像你一样整天坐着，什么事都不干吗？"

乌鸦答道："当然能啦！为什么不试一试呢？"

于是，兔子便整天坐在树下休息。

几天后，一只狐狸跳向兔子，把它给吃了。

每个人都应该有自知之明，不是人人都可以坐在自己理想中的位置上过着梦想中的轻松生活。不能只看表面现象，盲目地羡慕别人在所处位置上的轻松自如，却不知其背后所付出的努力和辛劳。

“坐在树上”与“坐在树下”是有明显区别的。当不具备“坐在树上”的能力和条件时，就要放弃不现实的想法，否则即使“坐在树上”，也可能会摔下来。同时，要明白“树下”不是可以长待的地方，“坐在树下”只会给自己带来危险，被人“守株待兔”，只有不断地提升自己的能力，才能置身理想且合适的位置。

盲目效仿的老鼠

一家动物园引进了一批希腊烫鼠，它们可以在高达 90 摄氏度的热水中自由活动。

很多人慕名赶来参观，一只老鼠也偷偷地挤进人群中。

老鼠看到烫鼠后，心想："这有什么了不起的，我也能在热水中快乐自在地活动！"

于是，老鼠偷偷地靠近热水池，迅速跳了进去。只见它在热水中痛苦地挣扎了几下，不久就被活活烫死了。

希腊烫鼠适应高温环境，善于表演是它的专业

技能，因而它在热水中能享受到快乐。而普通的老鼠根本不具备同样的本领却盲目效仿，结果只能是自寻死路。

任何人只有从事适合自己的工作，且在技能上训练有素，才能胜任无忧、游刃有余。对自己不熟悉的领域切忌嫉恨觊觎、欲出风头、强己所难，否则在冲动之下行莽撞之举，吃亏的是自己。

老虎遇到石狮子

一天，一只老虎看到一户人家的门前立着两座石狮子，便问道：“狮子啊，你们为什么是石头做的？”两座石狮子说：“人们没法请真狮子来保佑平安吉祥，就由我们石狮子来代劳了。我们在这里 180 多年了，你看这两个旗杆，表明这家曾出了两位举人……”

老虎说：“你们能成为历史的见证者，为这家人壮威避邪，真让我羡慕。不过，我还是不理解人们为什么喜欢你们狮子，而不是我们老虎。”石狮子说：“家里‘振家声’横匾下面有两幅你的画像，上面分别写着‘雄风万里’和‘威震山河’，人们也很喜欢你啊！”

老虎沾沾自喜道："我的作用有这么大吗？原来人们这么喜欢我呢！"正在老虎得意忘形之时，一群猎人以石狮子为掩护，把老虎包围起来打死了。老虎临死之前痛苦地说："老虎画像害了我啊！"

现象是事物的外在表现形式，可能是正确的，也可能是歪曲的。凡事不能只看表面现象，不要被表面现象所迷惑，而要透过现象看本质。

不要被别人一时的恭维而冲昏了头脑，这样才不容易吃亏。特别是当自己有了一定的社会地位和一定的成绩时，如果有人赞扬，就要反躬自问是否做到了所赞扬的那样、是否还能做得更好更多。

金无足赤，人无完人。每个人都要学会正确客观地看待自己，如果发现自己和别人的赞扬有差距，就要勇于将别人放大、美化了的"画像"实事求是地恢复原样，这对我们做人做事都是十分有益的。

第4辑

坚定信念

人生如屋，信念如柱，柱折屋塌，柱坚屋固。信念应贯穿于人生奋斗的整个过程。坚定的理想信念是奋勇向前的精神动力，是克服困难、开拓创新的力量之源。

有了清晰的目标，就有了成功的前提；有了坚定的信念，就有了成功的保证。信念只有在积极的行动中才能生存，并得到强化和精炼；信念只有在劳动的汗水中才能开花，并结出幸福的果实。

一个人只要能够坚定追求正确的理想信念，就能变得富有内涵和力量，并最终实现人生价值。

箍铁圈的榆树

有一年，一个地方发生了一种奇怪的榆树病，方圆几十里以内的榆树全都死亡，唯独一株箍了铁圈的榆树存活了下来。

原来，是那个给榆树留下深深伤痕的铁圈救了它！在艰苦的生存环境中，榆树锲而不舍地从锈蚀的铁圈里吸收了大量的铁，获得了来之不易的养分，对真菌产生了免疫力，绽放出坚强的生命力。

箍了铁圈的榆树能够在艰难的环境中存活下来，正是因为它找到了自己的生存方式——不需要精心的呵护照料，只需要一个铁圈和一份生存信念。

在现实生活中，也有很多像这株榆树一样坚强、执着的人。他们根据环境改变自己的生活姿态，在恶劣的环境中靠自己的信念力量去努力寻求、积极吸收来之不易的养分。身处逆境时，他们不会像那些平日里养尊处优的人那般惊慌失措，反而能够平和地调整处事的方式、理智地寻找解决问题的办法。

信念的力量

一场地震后的第 7 天，战士们在废墟中找到了一对母女。女儿躲在桌下没有受伤，但躺在废墟中的母亲已经昏迷，嘴机械地张开，舌头伸在了外面。

在战士们清除母亲身上的重物时，一只蟑螂爬进了母亲的嘴里，仍旧昏迷的母亲突然机械化地咬碎蟑螂并吐了出来。战士们都吃了一惊——难道这位母亲是靠咬碎蟑螂来养活孩子的？

这对母女很快被救了出来，打了吊针的母亲在女儿的呼唤中醒了过来。看到女儿平安无事，她流下了激动的眼泪。她告诉战士们，她在废墟中快撑不下去的时候，一想起可爱的女儿，心中就充满了决不放弃的信念，于是靠着咬碎蟑螂为孩子充饥。

在场的人无不感慨，正是母爱的信念力量，才让两个顽强的生命在地震后 7 天仍能存活！

在大地震中，被埋在废墟下 100 多个小时仍活着被救出的人，无一不是凭借顽强的信念创造了一个又一个生命奇迹，让人们深深为之感动、钦佩。

人活着的信念是什么？那就是追求。追求生命，追求理想，追求真情。

信念决定态度，态度决定行动，行动决定结果。人活着就要体验，就要尝试，就要努力。一个人只要心中有爱、心存信念，他的生活就会朝着美好积极的方向发展。

最后一壶水

有一年，一支英国探险队在茫茫的撒哈拉沙漠里跋涉，探险队员口渴似炙，可大家携带的水都喝完了。

这时，探险队长拿出一只水壶说："我这里还有一壶水，但在走出沙漠前，谁也不能喝。"

一壶水，成了探险队员穿越沙漠的信念之源和求生目标的寄托。终于，探险队走出了沙漠，挣脱了死神之手。

探险队长这才告诉大家："其实，壶里装的不是水，而是沙子。"

虽然探险队员自始至终没有喝到水，但他们的心灵一直被希望之水、信念之源滋润着。如果他们知道最后一个水壶里没有水，就不会相信自己能走出沙漠，甚至会绝望着渴死在沙漠中。最后一壶水，成为他们追求的同一个目标、坚持的同一份信念，并最终引领着他们走出了绝境。

在特定的环境下，有时需要虚构一个希望、说出一个善意的谎言。只有这样做，才能支撑起一份坚定的信念，而一旦有了这份信念，就连死神也会望而却步。

绝境斗士

1914 年，英国探险家沙克尔顿和 27 名队员乘坐“坚毅号”木船赴南极探险，试图成为横跨南极洲的先锋。然而，“坚毅号”启航不久就遇上了大量浮冰，探险队被困于冰海绝地。

在通信隔绝、食物耗尽、气温零下 57 摄氏度的恶劣环境下挣扎求生近一年后，沙克尔顿决定先带领全体队员乘坐 3 艘救生艇到达人迹罕至的大象岛，再率领 5 名队员寻找救援。

在惊涛骇浪中横渡了 1300 公里、航行了 17 天后，沙克尔顿和全体队员终于在南乔治亚岛的南岸登陆，但是他还需要再和 5 名队员攀越冰川及高山才能到达救援站……

在沙克尔顿的坚持下，他们终于在 1916 年带着救援队返回大象岛拯救了全部队员，结束了历时近两年的艰险旅程，也为人类与自然英勇斗争的历史篇章增添了光辉的一页。

信念与追求给予决心与勇气生命之根。在生活的泥淖里，只有不甘于被湮没的人，才能爆发出信念的力量，创造生命的奇迹。

绝境斗士们正是拥有“全都活下去”的坚定信念，才产生了置之死地而后生的决心与勇气。一个人只有用强大的精神动力来支撑自己，才能坚持不懈地向前奋进，朝着一个又一个人生目标迈进。

放慢的时间

某矿山出安全事故后，有6个人在一起等待救援。他们中有一个人戴着手表，于是大家商定由戴表的人每半小时通报一次时间。

第一个半小时过去了，戴表的矿工淡定地说："半小时过去了。"其实，他的心里非常紧张和焦虑，因为这是在向大家通报死亡的临近。

戴表的矿工灵机一动，决定不让大家在痛苦中等待，于是第二个半小时到了，他没有出声。过了一刻钟后，他打起精神说："一个小时过去了。"

又过了一个小时，戴表的矿工才通报"一个半小时过去了"。其他人都以为时间只过了90分钟，只有他知道135分钟已经过去了。

事故发生 4 个小时后，救援人员终于进来了。令他们震惊的是，6 个人中竟然还有 5 个人活着，只有那个戴表的矿工窒息而亡。

戴表的矿工以他的机智和善意安抚着同伴的焦灼痛苦，以超乎想象的意志抵御了死神的一次次逼近，给了同伴求生的希望，让坚定的信念在他们心中生根发芽，而他自己却因为知道真相而恐慌，没能等到最后的救援。

身处困境时，坚定的信念就是一剂难得的救生良药。在这个时候，切莫焦虑恐慌，一定要打起精神，以坚定的信念保持住平静的心态，才能冲破困境、迎接希望。

第五颗子弹

甲乙两人横穿沙漠，水喝光后，乙中暑倒下，甲决定去找水。

出发前，甲给了乙一把枪和五颗子弹，叮嘱乙在三小时后每隔半小时向天空放一枪，这样甲就能循着枪声找到乙。

乙在沙漠里焦急地等待着，先后鸣响四枪，甲仍没回来。拿出第五颗子弹时，乙担心如果不能唤回甲，自己就会被酷热的沙漠灼烤着痛苦地死去。

最终，失去信心的乙用第五颗子弹自杀了。然而，乙不知道的是，正是这最后一颗子弹唤回了找来满壶清水的甲。

无论遇到什么困难，在等待“生命之水”的煎熬中，都要懂得珍惜“第五颗子弹”。中暑的乙是被自己脆弱多疑的心理所毁灭的，而非被沙漠的恶劣气候所吞噬。身处困境，本有希望，他却绝望；面对友情，本应信任，他却猜疑。

很多时候，打败我们的不是外部环境，而是我们自己。遇到难关时，咬紧牙挺过去是正确的选择，闭着眼逃避是最无价值的妥协。只有坚定信念、坚持闯关，才能赢得胜利的机会。

最后一片绿叶

一位生命垂危的病人每天都躺在医院的病房里，看着窗外一棵树的树叶在秋风中一片片地掉落下来。望着眼前的萧萧落叶，病人的身体也每况愈下，一天不如一天。病人绝望地说：“当树叶全部掉光时，我也就要死了。”

一位老画家得知这件事后，用彩笔画了一片叶脉青翠的树叶挂在了窗外的树枝上。就这样，最后一片叶子始终没有掉下来。只因为这片永远不会掉落的绿叶，病人竟奇迹般地活了下来。

最后一片绿叶虽然是画家画上去的，但达到了

知人者智，自知者明。

——老子

真实绿叶的效果，给了病人一个信念——活着，只要那片绿叶不落，生命就不会终结。

信念是命运赋予人类的重要价值，有信念之处，就有不灭的希望和不息的生命。无论身处何种环境，都应该坚定信念、心存希望，不断地鼓励自己振作奋斗，这样才会有奇迹发生。

想象的力量

拳王阿里在一场争夺重量级冠军决赛的前 12 个回合中，一直被对手压制，被打得眼角开裂、鼻子流血。观众都认为阿里输定了，阿里的教练甚至在中场休息时问他："要不要放弃比赛？"阿里说："你应该在比赛结束后再问我这样的问题。"

在短暂的休息中，阿里反复想象自己打倒对手和千万人为自己欢呼的情景，并且口中念念有词，不断告诉自己："我是最强的。"

奇迹在第 13 个回合发生了，休息后的阿里恢复了拳王的气势，把对手打得落花流水，最终以一记重勾拳击倒对手而获胜。

无数事实证明，想象能够激发出人的最大潜能。许多成大事的人都习惯于先在头脑中描绘出具体的行动场景，然后全力以赴去实现心中的想象。

当一个人处在成败的临界点时，更需要不断想象自己已经成功的场景，而且想象得越具体越好，这样才能燃烧起一个人的信念，爆发出前所未有的力量。当信念的力量达到极致时，梦想就会依照想象中的样子而实现。

无字秘方

从前，有一对盲人师徒靠弹琴卖艺维持生活。一天，师父病倒了，自知将离开人世，便把徒弟叫到床边，告诉他琴里有重见光明的秘方，但要求他必须在弹断第一千根琴弦的时候才能取出来，否则秘方将失效。徒弟流着泪答应了，师父含笑离世。

一天又一天，一年又一年，徒弟铭记师父的遗嘱，不停地弹琴，每弹断一根琴弦，他都会小心翼翼地收好。年深月久，当他弹断第一千根琴弦的时候，已然成为饱经风霜的老者。这时，他想起师父的临终遗言，按捺不住内心的喜悦，双手颤抖着慢慢地打开琴盒，取出秘方。

然而，别人告诉老者，所谓的秘方不过是一张白纸。顷刻，他的泪水滴落在纸上。旁人都百思不得其解，只有足足弹断了一千根琴弦的他顿悟了这无字秘方的真谛。

这是一个没有写字、让人难以窃取的秘方，是师父为徒弟点燃的一盏信念之灯。徒弟在漫漫无际的黑暗里苦苦摸索，对光明的渴望给予了他活下去的信念动力。

如果人的内心没有信念，或许脆弱的生命早就被难缠的苦难所绊倒、被狰狞的黑暗所吞没，更何谈对生活的追求、对希望的向往。

父子与驴

一对父子牵着驴进城，有人笑他们："真笨，有驴不骑！"父亲便叫儿子骑着驴走。

走了不久，有人指责道："真是不孝的儿子，竟然不让自己的父亲骑驴！"父亲赶快叫儿子下来，自己骑到驴上。

过了一会儿，有人骂道："真是狠心的父亲，不怕把孩子累死！"父亲连忙叫儿子也骑上驴。

没走多久，有人愤愤不平道："两个人骑着驴，就不怕把那瘦驴压死？"父子俩赶忙下来，把驴的四只脚绑起来，用棍子扛着驴走。经过一座桥时，驴因为不舒服而拼命挣扎，结果掉到河里淹死了。

人为言累，事因多败。为人毫无主见，则容易受他人言语影响而左右为难；处事参谋过多，则容易因为思前想后而难以成功。

为人处事一定要有“主心骨”、要吃“定心丸”，不要过度在乎别人的眼光，而要坚持个人的正确思想和行动，无须因旁人的闲言碎语而改弦易辙。

要知道，你所做的每一件事情都不可能令每一个人满意。因此，即使是采纳意见，也要有自主判断力，坚定自我信念，不可尽信他言。

第
5
辑

悦纳自我

心胸有多大，舞台就会有多大。一个悦纳自我的人，才能悦纳外界，才能为外界所接纳，才会不断主动扩大心中的空间，努力绽放生命的繁花。

主体意识过强的人往往心胸狭隘逼仄，悦纳自我并非以自我为中心，而是要努力培养宽广的心胸，这就需要在挫折的磨砺中增长智慧、丰富阅历。

这也会过去

有一天晚上，一位智者在梦里告诉所罗门王一句包含了人类所有智慧的至理名言，能使他在得意的时候不会趾高气扬，在失意的时候能够奋发图强，始终保持良好的状态。然而，所罗门王醒来之后却怎么也想不起那句至理名言了。

于是，所罗门王向几位最有智慧的老臣讲了那个梦，要求他们把那句至理名言想出来，并拿出一枚大钻戒，说："如果想出来那句至理名言，就把它镌刻在戒面上，我要把戒指天天戴在手指上。"

一个星期过后，几位老臣兴奋地前来送还钻戒，戒面上已刻上了一句勉励人胜不骄、败不馁的至理名言——"这也会过去"。

人生一世，苦辣酸甜涩，五味杂陈。一切过往都会被时间尘封，对于那些无法改变的事实，最好的办法就是接受它，对自己说一句“这也会过去”。

不管雨下得多大多久，总会有放晴的一天，大自然如此，生活亦然，千万不要把自己困在“雨”里迟迟不肯走出来。只要能做到积极乐观、豁达通透，就迈出了解决问题、战胜困难的关键一步。

等待三天

应邀访美的女作家在纽约街头遇到一位卖花的老太太，这位老太太身体虚弱、穿着破旧，但脸上满是喜悦。

女作家挑了一朵花，对老太太说：“你看起来很高兴。”老太太答道：“当然呀！一切都这么美好。”女作家又说：“你一定很能承担烦恼。”老太太笑道：“耶稣被钉在十字架上的时候，是全世界最糟糕的一天，可三天后就是复活节。所以，当我遇到不幸时，就会等待三天，一切就会恢复正常了。”

人生并非尽是鸟语花香，总会伴有几多忧愁与

烦恼。面对任何不幸与痛苦，都要在心中定下一个截止时间，到期后就要抛诸脑后，如此才能及时总结经验教训，提振自我、筹划未来，信心满满地迎接美好的明天。

每个人都要把握好属于自己的“等待三天”，不要在等待中消极沉沦、无所事事、任由命运宰割，而要让经验从困难中分娩，让快乐从痛苦中复活，让幸福从幽怨中酝酿。

无论发生什么事情，都不要为难自己，也不要对生活失望，只要“等待三天”，所有的痛苦都会走远，幸福将与你不期而遇，一切都会峰回路转。

接纳失去

一位年轻人在一场车祸中失去了右手，从此情绪低落，在家里待了一年多，什么事都不想做。

一天，家里的电视机坏了，正当一家人一筹莫展时，一位失去右腿的中年人拄着拐杖在小区边走边吆喝："修电视机、修手机、修手表！"于是，年轻人的父母请中年人进来修电视机。

修好电视机后，年轻人的父母问中年人："你是什么时候开始学习修理技术的？"中年人答道："我年轻时因为一场事故失去了右腿，起初我对生活失去了信心，甚至想到自杀。直到有一天，我和父母一起看了残运会的电视直播，父母启发我向他们学习，接纳自己失去右腿的事实，振作精神，好好生活。之后，我就开始学习修理技术，努力做一个自食其力的人。”

中年人的一席话使年轻人大受启发，接纳了自己失去右手的事实，改变了自己的心态，决心努力学习一门本领，做一个有用的人。

人可以穷，心不能穷，心若富有，心里的能源取之不尽；身可以残，心不能残，心若健全，心里的健康用之不竭。

有些东西，一旦失去就很难再拥有，人生在世总有遗憾，唯有心胸豁达地向前看、往前走，不退缩、不逃避，勇敢地直面现实，思考在现状下如何将生活过得更好，才是明智的选择。

何苦要气

有一个妇人经常为一些琐事生气，她知道这样不好，便去求一位高僧为自己谈禅说道，以便开阔心胸。

高僧听了妇人的讲述后，把她领到一座禅房中落锁而去。妇人气得跳脚大骂，骂了许久，高僧也不理会。妇人开始哀求，高僧仍置若罔闻。

妇人终于沉默了，高僧便来到门外，问她：“你还生气吗？”妇人说：“我只为我自己生气，怎么会来到这地方受这份罪。”“连自己都不原谅的人怎么能心如止水？”高僧拂袖而去。

过了一会儿，高僧又问妇人：“还生气吗？”妇人说：“不生气了。”“为什么？”“气也没有办法呀！”“你的气并未消逝，还压在心里，爆发后会更加剧烈。”高僧又离开了。

高僧第三次来到门前时，妇人告诉他：“我不生气了，因为不值得气。”“还知道值不值得，可见心中还有衡量，还是有气根。”高僧笑着离去。

当高僧的身影迎着夕阳立在门外时，妇人问高僧：“大师，什么是气？”高僧将手中的茶水倾洒于地。妇人视之良久，顿悟后叩谢而去。

识道理

“同样的瓶子，你为什么要装毒药？同样的心胸，你为什么要装烦恼？”

生活是不公正的，任何人都会有缺点，任何事情不会都按计划进行，那我们何苦要气呢？

我们的恼怒有 80% 都源于自身，只有学会冷静地对待生活中的一切，不被小事牵着鼻子走，不让坏情绪捆绑了自己，才能感受到平淡生活中的点滴幸福。

放大容积

有一个人总是不停地抱怨这抱怨那。有一天，他的师父让他取些盐倒进水杯里喝下去，结果他吐了出来，说："好咸啊！"师父又让他把盐撒进湖水后取一杯喝下去，并问他："喝出咸味了吗？"他答道："没有咸味。"

师父说："人生的苦痛如同一定数量的盐，承受痛苦的容积决定了痛苦的程度。当你痛苦时，要尽量放大自己承受痛苦的容积——不要只是一杯水，而要变成一个湖，如此才能不痛苦。"

每个人都会遭遇痛苦，即使再难以忍受，也终

会过去。当你感到万分痛苦时，就要放开心胸、放大承受痛苦的容积，变“一杯水”为“一湖水”，豁达从容地面对一切，让平凡的生活中多一分快乐、少几分苦涩。

人生路上有多少险山恶水不能越过？只要不断扩大个人的心胸肚量、增强承受能力，痛苦自然就会变得轻微。宽容别人，就是肚量；谦卑自己，就是份量；合起来，就是一个人的质量。

留在身后

纳尔逊·罗利赫拉赫拉·曼德拉于 1994 年至 1999 年间担任南非总统，是首位黑人总统，被尊称为“南非国父”。

在任职总统前，曼德拉是积极的反种族隔离人士，也是非洲国民大会武装组织“民族之矛”的领袖，曾因为领导反种族隔离运动而被南非法院以密谋推翻政府等罪名判处有期徒刑 27 年，在牢狱中受尽了虐待。

曼德拉就任总统时，邀请了 3 名虐待过他的看守到场。当曼德拉起身恭敬地向看守致敬时，在场所有人都安静了下来。曼德拉说：“当我走出囚室，迈过通往自由的监狱大门时，我已经清楚，自己若不能把悲痛与怨恨留在身后，那么我仍在狱中。”

在生活中，每个人都或多或少地经历过被他人伤害的痛苦。人们最常犯的一个错误就是用别人的过错来惩罚自己。然而，原谅伤害过我们的人，接纳自己被伤害的事实，才是打开心结的唯一方法。

一个人如果不能把悲痛与怨恨留在身后，就无法真正原谅别人，也就永远不会幸福。原谅他人，其实是在升华自己。

如果能真正放下得失心，用宽容的眼光看待他人，用平和的心态对待事情，一切痛苦就会烟消云散，快乐自在就会油然而生。

沉淀自己

建兵在工作和生活中遇到了一些困难，常常闷闷不乐。一天，他回到乡下向父母诉苦，父亲听后便带他去院子里，用透明塑料桶装了一桶浑浊的水，让他观察水的变化。

过了一会儿，建兵发现泥沙逐渐沉淀到桶底，水变清了。这时，父亲使劲摇动塑料桶，桶中的水又浑浊了。再过了一会儿，泥沙沉淀后，水又变清了。

父亲说：“人生的顺境与逆境、成功与失败、幸福与痛苦就如同这桶水，如果你用力振荡，就会使整桶水一片浑浊；如果你耐心沉淀，水就会逐渐变清。”

不少人在遇到困难的时候，都会忍不住摇起满桶的浑浊，结果只是让烦躁充斥心灵，感受到更多的痛苦和煎熬。

人生需要沉淀，宁静才能致远。如果能把烦心事当作每天必落的灰尘，让痛苦沉淀于心底，让心灵在浮躁中得以宁静，心灵就会更加纯净，心胸就会更加豁达，生活就会被幸福充实。

走自己的路

小乐经过一个村庄时，一只狗对着他狂吠，他随手捡起一块石头扔过去，试图吓退狗，可狗却追着他越叫越凶。

父亲看到后，对小乐说："扔石头是制止不住狗叫的，最好的办法就是不理睬它，只管走自己的路。"

小乐便不再理睬狗，和父亲一起走开了。果然，狗兀自叫了一阵，就悄然离开了。

越来越凶的狗叫，就像忽而出现的舆论。如果你过于在乎，就会觉得舆论的矛头直指自己；如果

你采用了不恰当的处理方式，那么舆论不仅不会平息，反而会甚嚣尘上。

在现实生活中，面对舆论攻击，千万不要以不恰当的方式招惹是非，最明智的选择就是远离是非，放宽心走自己的路，是非之声自然就会慢慢平息。

永远感激与忘掉怨恨

吉伯和马沙一起旅行。

经过山谷时，马沙失足滑落，差点跌向谷底，吉伯及时拉住了他。马沙在石头上刻下：“某年某月某日，吉伯救马沙一命。”

走到河边时，吉伯为小事和马沙争吵起来，还打了马沙一个耳光。马沙在沙滩上写下：“某年某月某日，吉伯打了马沙一个耳光。”

马沙对吉伯说：“我永远感激你救了我，而我会随着沙滩上字迹的消失而忘掉你打我的事。”

莫忘久恩，不思久恨。恩欲报，怨欲忘；报恩

长，报怨短。人予我恩，永记心上；人予我怨，必定相忘。

我们要经常整理大脑中储存的东西，多记别人的优点，多记别人对自己的帮助，常怀感恩之心；忘记别人的缺点，忘记别人对自己的伤害，抛去烦恼失意。

只有学会永远感激与忘掉怨恨，自己才能活得宽容豁达，脚下的路才会越走越宽。

公鸡的议论

一群公鸡在家门外玩耍时，听到一只下了蛋的母鸡咯咯地叫，便大声议论起来：“有什么可骄傲的？不就是下了一个蛋吗！要是我们下了蛋，保证一声不叫！”

一只老母鸡听到公鸡的议论后，打抱不平地说：“我们母鸡下蛋可不是简单的事情，下蛋的时间最短也要十几分钟，有时甚至要孵上四五个小时！下蛋后叫几声，是母爱的自然流露！”

听了老母鸡的话，公鸡们都羞愧地低下了头。

在现实生活中，一些人如同喜欢议论的公鸡，

缺乏专业素养，也无敬业精神，整天无所事事，只知夸夸其谈，却见不得他人出成绩，喜欢对他人评头论足、冷嘲热讽。

说话要有真凭实据，切莫信口雌黄。没有依据的一派胡言，一定会遭到正义者的抗辩和反驳。做人一定要谨言慎行，学会沉下心做事，不断充实自己，不要虚度光阴，过得闲散浮躁。

第6辑

依靠自己

人生的每一步，都需要自己去走。靠别人是一时的，靠自己才是永远的。在困难与挫折面前，与其要求别人帮忙，不如靠自己努力改变。

靠山山倒，靠水水流，靠自己永远不倒。只有靠自己的力量，才能成为生活的强者。

靠自己的时候，既要充分利用自己的条件，也要及时发现别人的长处，学会取长补短，切莫故步自封。

最好的礼物

美国著名喜剧演员戴维·布瑞纳在中学结业时，因为找不到工作而向父亲求助。

父亲给了布瑞纳一枚硬币，告诉他："别人送给你的任何东西都是有限的，只有你自己才能赚下一个无限的世界。你就用这枚硬币买一张报纸，一字不漏地读一遍，然后翻到广告栏找一个工作，出去闯一闯吧！"

布瑞纳经过艰苦奋斗后，终于获得了事业上的成功。在回首往事时，他认为父亲的那枚硬币就是他收到的"最好的礼物"。

严教出英杰，逆境铸人才。早在战国时期，赵国的触龙就提出了“父母之爱子，则为之计深远”的观点。真正的“计深远”，就是要培养孩子独立的真本领。

林则徐说：“子孙若如我，留钱作什么？贤而多财，则损其志；子孙不如我，留钱作什么？愚而多财，益增其过。”

陶行知说：“吃自己的饭，滴自己的汗，自己的事自己干，靠天靠地靠祖先，不算是好汉。”

古往今来的“虎父无犬子”现象，都说明若不求自立自强，一味只想依靠祖上荫庇，是绝对不会有什么大作为的。只有掌握一把开启世界之门的钥匙，才能得到自己想要的财富。

我们家很有钱吗

甲孩子问爸爸："我们家很有钱吗？"爸爸回答他："我有钱，你没有。"因此，甲孩子从小就自立自强，继承了父辈祖业后也继续发奋努力。如此几代过去，终于建成了家族企业。

乙孩子问爸爸："我们家很有钱吗？"爸爸回答他："我们家有很多钱，将来钱都是你的。"因此，乙孩子从小就娇生惯养，接手了父辈祖业后很快就挥霍殆尽。如此几代过去，就成了"富不过三代"。

"除了阳光和空气是大自然的赐予，其他一切都要通过劳动来获得。"然而，对于溺爱孩子的父母来

说，只要是自己有的，就全都留给孩子；即使是自己没有的，也会想方设法地提供给孩子，完全忽视了孩子自己的能力和选择。

父母是孩子的第一任老师，孩子心灵的塑造、性格的形成，在很大程度上都源自父母的教育。如果父母只知道给孩子金钱，而不注重对其进行人生观和价值观的塑造教育，孩子就会想当然地认为钱来得太容易，从而不懂得珍惜，挥金如土、贪图享乐，失去进取心，成为一具“穷得只剩下钱”的躯壳。

让自己热起来

一位铁匠问刚参加工作的儿子：“工作的感觉如何？”儿子回答：“没劲儿。”

铁匠听后沉默了半晌，用他粗壮的手操起一把大铁钳，从火炉中夹起一块烧红的铁块，放在铁砧上猛锤几下，丢入身边的冷水中。只听“哧”的一声响，水立即沸腾起来。

铁匠说：“你看，铁是热的，水是冷的，把铁扔进水里，水和铁就较量着——水想使铁冷却，铁想让水沸腾。工作就像这盆冷水，你好比这块铁，如果不想被水冷却，你就得让自己热起来。”

生活是由我们自己创造的，我们怎样对待生活，生活就将怎样对待我们。

美好生活需要我们燃烧激情、挥洒汗水，学会在生活的火炉中煅烧自己，在生活的铁砧上锤打自己，在生活的冷水中沸腾自己。

如果不想被平庸生活冷却斗志，就得用汗水和激情把生活这盆冷水煮沸。对生活冷漠、萎靡不振，就只能毁灭自己。

独自捕食

沙漠中的母狐狸生了一窝小狐狸，等小狐狸们长到能独自捕食的时候，母狐狸就把它们统统赶了出去。

小狐狸们恋家不肯离开，母狐狸就毫不留情地又咬又追。即使对其中一只瞎眼的小狐狸，母狐狸也没有给予特殊照顾，照样把它赶得远远的。因为母狐狸知道，没有谁能养它一辈子。

小狐狸们从这一天起便学会了独自捕食，而那只瞎眼的小狐狸也终于学会了靠嗅觉来觅食。

“正人用邪法，而邪法亦正。”手段只是表象，

手段背后的目的才值得探究。母狐狸为了使小狐狸们将来都可以在残酷的自然环境中独立生存，只能不择手段、毫不留情，逼迫它们迅速成长。

大爱无情。也许一些教育方式看似无情，但相对现实生活的残酷而言，要使孩子们在激烈的竞争中生存下来，就必须培养他们的独立能力。

母树和主枝

春天，柳树长得枝繁叶茂。一天，主人要砍柳树上的几根主枝，到新的地方插栽成树。

这几根主枝对母树说：“妈妈，您把我们养大，我们舍不得离开您！”

母树说：“孩子们，我也舍不得你们！可我们是无性繁殖的树木，如果你们不离开我去独立生活，就永远长不大。”

每个人都是独立的生命个体，只是经由父母的身体来到这个世界追求自己的梦想、完成自己的使命。

父母应该尽早将孩子作为一个独立的个体从自己的生命中分离出去，让孩子形成独立的人格，拥有自己的世界观、人生观、价值观，按照自己的方式去生活，这才是父母对子女爱的最高境界。

天鹅的命运

有一年秋天，从遥远的北方飞来了一群天鹅。它们在一个小岛上休憩，准备去南方过冬。

小岛上住着一对渔夫夫妇，见到这群天外来客，他们非常高兴，每天都拿出鸡饲料和小鱼来喂养天鹅。

冬天来了，这群天鹅没有继续南飞，而是留在了小岛上。然而，湖面封冻，它们无法自己获取食物。于是，渔夫夫妇敞开茅屋，让它们在屋子里取暖，并继续喂养它们。

日复一日，年复一年，每年冬天，渔夫夫妇都这样奉献着他们的爱心。终于有一年，渔夫夫妇离开了小岛。不久之后，天鹅也消失不见了。不过，它们并不是飞往南方，而是在第二年湖面封冻期间饿死了。

渔夫夫妇像爱自己的子女一样对天鹅百般呵护，使天鹅沉溺在悠闲安逸的生活中，丧失了生存的本能和生活的基础，最终因无法适应环境变化而死亡。

一味营造舒适安逸的爱，恰恰是在设置人生的陷阱。很多父母让孩子过着“衣来伸手，饭来张口”的生活，陷入“陷阱”的子女就会滋生严重的依赖性和懒惰性。等他们长大后，就会或继续“啃老”，或因无法适应社会环境的变化而无法生存。

人固然需要爱，但是当爱变异为一种无条件的“馈赠”、全包办的“呵护”时，它就不再是爱，而是害。

离开育儿袋

袋鼠妈妈长有前开且有四个乳头的“育儿袋”，小袋鼠就在里面被喂养长大。等到小袋鼠具有在外界独立生存的能力后，袋鼠妈妈就不许小袋鼠进入“育儿袋”了。

一次，一只长大了的小袋鼠外出活动，遇到危险后迅速钻入了妈妈的“育儿袋”里。小袋鼠对妈妈说：“‘育儿袋’外面的世界太美好，但也太危险了。”

袋鼠妈妈说：“正是因为美好，你才应该出去见见世面；正是因为危险，你才应该出去锻炼自己。你应该向哥哥姐姐们学习，成年后就要独立面对困难，不能老待在袋里寻求保护。”

很多父母都会以孩子太小为由，包办孩子的生活。然而，过分的呵护只会削弱孩子的生存和适应能力，让孩子永远长不大、永远需要外界的保护。

父母可以代替孩子做事，但是不能代替孩子成长，因此必须培养孩子“自己的事情自己做”的责任意识和独立能力。

凡是孩子能做到的事情，父母就不要替孩子做，而要充分信任孩子，让孩子早日在生活中锻炼自己、具备独立生活和解决问题的能力，切莫亲手培养出“啃老族”。

怎　么　飞

鹰在天空中翱翔时，突然发现一支箭速度非常快地超过自己，但随后就在不远处掉落。鹰飞过去问箭怎么飞得这么快却飞不远。箭说：“我是依靠弓的力量才能飞得那么快，但无法像你飞得那么高、那么远。”

鹰继续飞，遇到了缓缓飘在空中的风筝和孔明灯，可没过多长时间，它们就都掉落在了草地上。鹰飞过去问它们怎么飞得慢还是飞不远。风筝说：“牵引我飞起来的长绳被大风拉断了，我就只能掉下来了。”孔明灯说：“我因为灯笼内的蜡烛产生热空气而飞了起来，蜡烛燃烧殆尽，我也就掉下来了。”

箭、风筝、孔明灯都问鹰：“你怎么能飞得那么高、那么远？”鹰想了想，说：“依靠外力，所得都是有限的。只有凭借自己的力量，才能飞得更高更远。”

鹰能飞得又高又远，是因为鹰凭借的是自己翅膀的力量，只要能坚持提升自我，便有不竭的飞行动力和更强的飞行能力。箭、风筝、孔明灯都是依靠外力才能短暂飞行，而外力终究是暂时的，一瞬之力，稍纵即逝。

一个人若想让自己的理想飞得更高更远，就要放弃长久借助外力的念头，而要如鹰一般发掘和提升内在力量，拥有独立的人格和过硬的本事，才能在人生的天空中自由翱翔。

两　棵　树

布生、宽生各自在家门前栽了一棵树。布生经常给自己的树浇水，总是喝饱的树根便一直停留在浅土层，懒得伸向土壤深处吸收养分。宽生定期定量地给自己的树浇水，偶尔缺水的树根便不得不使劲拉伸自己去寻找土壤深处的水分和养分。

一次，宽生的树抱怨道："宽生啊，你要像布生一样经常浇水，我才能长得更快更好呀！"宽生说："布生的做法是有害的，我对你的做法才是爱。只有学会依靠自己，你才能真正成长。等你长大了，你就能明白这个道理了。"

五年后的一天，急风暴雨向两棵树袭来，布生的树因根基太浅而被连根拔起，宽生的树则因根基扎实而昂然屹立。

温室里长不出参天大树，襁褓里绝不会藏着伟人。要想使生命之树根深叶茂、顶天立地，就不能从外界提供过多的水分和养分，而应该让它奋力向下、自己扎根。

如果父母为孩子打造的环境太过舒适，就会扼杀孩子的动手动脑能力和吃苦冒险精神，使孩子形成依赖心理、产生惰性，不但不能帮助孩子成长，甚至会贻误孩子一生。

不经历风雨，怎能见彩虹。只有留给孩子一定的自由成长空间，让他们从生活的挫折和困难中自主吸取教训、增长经验，他们才能变得独立、强大和坚韧。

找工作的鹅

一家公司正在招聘鹅保安，面试官问前来应聘的鹅："你们怎么证明自己能胜任保安职位呢？"

一只鹅骄傲地答道："我不是普通的鹅，而是有着最强保安基因的鹅。我的祖先在罗马军与高卢军作战时，警觉地发现了准备半夜偷袭的高卢军，勇敢地叫醒了沉睡的罗马军，保卫了国家安全。这就表明，我完全可以胜任保安职位，公司应该优先录用我。"

面试官笑道："我们去年录用的鹅保安都是英雄鹅的后代，但在招聘时，它们并没有提起英雄祖先，而是通过公平竞争、凭借个人能力获得了职位，它们以出色的工作业绩证明了自己不愧为英雄鹅的后代。虽然你祖先的功绩众所周知，但这份光荣只属于你的祖先，你还是用能力来证明自己吧！”

血统基因遗传的是生理特性，不可能遗传思想逻辑和知识技能。人的正确思想、丰富知识和强大能力，从来不是遗传的，而是不断从书本和社会实践中获得并提升的。

有志者，当自立自强，用自己的能力来证实和体现自己的价值。

第
7
辑

扬长避短

“尺有所短、寸有所长。”短处和长处是同时存在的。

一个人如果总是用短处来谋生，那么只会屡屡碰壁，久而久之就会在自卑和失意中沉沦。

为人生增值的诀窍就在于发挥并强化自己的长处、避开并弥补自己的短处，如此才能在机会来临时牢牢抓住，集中精力在擅长的领域做到最优。

只有扬长避短，才能天堑变通途，康庄大道通明天。

田忌赛马

战国时期，齐威王与大臣田忌赛马。

起初，两人各出上等、中等、下等三匹马，齐威王三个等级的马都比田忌的强，因此，田忌三战三败。

后来，军事家孙膑给田忌出了个主意：以下等马对齐威王的上等马，以上等马对中等马，以中等马对下等马。结果，田忌一败二胜。

不要总是用自己的长处去应对对手的长处、用自己的短处去应对对手的短处。换一个想法，就会有另一番天地。

谋略在先事半功倍，焉有不胜之理。知己知彼、扬长避短，用自己的长处去应对对手的短处，为自己增强信心斗志，给对手造成心理压力，才可以变弱为强、以少胜多、出奇制胜。

经营长处

大文豪马克·吐温曾经弃文从商，做过打字机生意、办过出版公司，结果亏了30万美元，不仅赔光了稿费，还欠了一屁股债。

马克·吐温的妻子奥莉姬深知丈夫没有经商的本事，但有极高的文学天赋，于是鼓励他振作精神，重走创作之路。很快，马克·吐温就在文学创作上取得了辉煌的成就，摆脱了经商失败的痛苦。

“骏马能历险，力田不如牛；坚车能载重，渡河不如舟。”每个人都应该根据自己的长处来确定奋斗目标和努力方向，最大限度地挖掘自己的潜力、经

营自己的长处，真正实现自己的人生价值。

“即使是宝贝，放错了地方，也只能是废物。”找到适合自己发挥价值的舞台，心无旁骛地经营自己的长处，保持热情并不断强化，才能握住命运送来的礼物。

将军和画师

一位失去了一只眼睛和一条腿的将军请来几位画家为他画像。

甲画家如实画了独腿独眼的将军像，将军不满意。

乙画家不敢再如实画，就画成双腿健全和双眼明亮的将军像，将军还是不满意。

丙画家要求先观察将军的生活，在陪同将军打猎时忽然有了灵感，就画了骑在马背上端枪瞄准猎物的将军像——将军的残腿被马背挡住看不到，失明的眼睛则在瞄准时自然眯住了。将军很高兴，重赏了丙画家。

丙画家采用扬长避短的策略，成功画出了一幅符合实际情况的将军像，既表现了将军的威武形象，又掩饰了将军的生理缺陷。

人皆有其长短，一方面要正确认识自己的长短，另一方面也要让别人正确认识你的长短。

从自身角度来说，既要在反思中正视自己的短处，也要在奋斗中忘掉那些短处，不要让短处成为弱点，不要给自己设置成功的绊脚石。

从旁观者角度来说，要善于发现他人的长处，换个角度看待他人的短处，不要抓住他人的短处不放。

独臂柔道

一个男孩在车祸中失去了左臂，但他很想学柔道，便拜一位柔道大师为师。可是练了 3 个月，大师就只教了他一招。男孩问大师：“我是不是应该再学其他招？”大师答道：“你只需要学这一招就够了。”男孩并不是很明白，但他很相信大师，便继续练这一招。

几个月后，大师带男孩去参加柔道比赛。男孩没有想到自己居然能轻松赢了前三轮，顺利进入决赛。决赛对手高大强壮，男孩有点招架不住，裁判担心男孩会受伤，就叫了暂停，打算终止比赛，然而大师要求继续比赛。比赛重新开始后，对手放松了警惕，男孩便使出那一招制服了对手，赢得了冠军。

比赛结束后，男孩鼓起勇气问大师："为什么我能凭着这一招就赢得了冠军？"大师答道："有两个原因：第一，你掌握的是柔道中最难的一招；第二，对付这一招的唯一办法是对手能抓住你的左臂。"

失去左臂后学习柔道并赢得冠军，看似是无论如何也办不到的事情，但柔道大师能够因材施教，从男孩的实际情况出发，将男孩的劣势变成了优势。

优势与劣势是并存的，两者之间可以相互转化。聪明人不会因为劣势而阻碍自己的发展，而是努力将劣势转变为优势，不断获得发展。

要知道，当通往成功的一条道路被关闭时，只有独辟蹊径，将缺点变为特点，才能找到其他一条或几条新的道路。

河边的鹿

一头鹿来到池塘边喝水，在水中看到了自己的影子，觉得头上的角非常美丽，却嫌弃四条腿太过细长。

这时，一头狮子偷偷地来到池塘边，伏下身子就向鹿猛扑过去。鹿撒腿就跑，用最快的速度甩开了狮子。然而跑进树林后，鹿却因头上的角被树枝挂住而无法再跑，于是狮子追上来逮住了它。

对鹿来说，什么才是优点呢？鹿自以为是鹿角，但被狮子追赶时，真正发挥作用的却是它嫌弃的腿，美丽的鹿角反倒让它送了性命。

有的人看不到自己的缺点，有的人看不到自己的优点。看不到自己缺点的人大多不能进步，而看不到自己优点的人将自己有限的精力浪费在了不擅长的事情上，无法释放自己的潜能并实现自己的价值。

每个人都有优点和缺点，想要出类拔萃，就要扬长避短、善待优点，集中精力最大限度地发掘、发挥自己的优点。

野鸭教练

小兔子是历届动物运动会的短跑冠军，但它不会游泳，有一次还因为这个弱点差点被野狼抓住，于是小兔子决定去游泳培训班学习游泳。

班上的小狗、小龟学会了游泳，多了一种本领，心里很高兴；小兔子、小松鼠花了好长时间都没学会，心里很苦恼。培训班教练野鸭对他们说：“我两条腿的都能游，你们四条腿的怎么还不会游？成功需要付出汗水，继续游吧！”

评论家青蛙劝道：“兔子擅长的是奔跑！为什么要针对它的弱点训练，而不是继续发展它的特长呢？”思想家仙鹤也说：“生存本领不止一种呀，兔子学不了游泳就学打洞嘛！”

识·记

是兔子就应该练习跑步，是鸭子就应该练习游泳。如果一味要求每个人必须什么都会，反而不利于人的发展。

每个人的成长都应该有明确的发展定位和努力方向，而且总体上应该是扬长避短的。一味求全责备、提倡补短，只会让人无法发挥专业特长，甚至会在不断的挫折打击中自卑消沉。

爱比较的青蛙

青蛙对刺猬说："你的身上都是刺，既难看，又可怕。哪像我这么好看！"刺猬说："正是因为我有刺，蛇才不敢咬我，而是吃你。"

青蛙对甲鱼说："你长得扁扁的，既难看，又走得慢。哪像我这么好看！"甲鱼说："正是因为我扁扁的，蛇才无法吞下我，而是一口吃了你。"

青蛙对癞蛤蟆说："你的身上都是疙瘩，既难看，又有毒。哪像我这么好看！"癞蛤蟆说："正是因为我有毒疙瘩，蛇才不敢吃我，而是吃你。"

每个人都有自己的长处和短处，不要用自己的

长处与别人的短处相比，更不要忽视别人的长处、打击别人的短处，这样既对别人不公，也不益于自己。

一个人如果完全看不到别人的长处，以狭隘的眼光随意挑别人的“刺”、把别人看“扁”，就会变得目中无人，最终成为一座无法进步的孤岛。

聪明的人只会拿自己的短处和别人的长处相比，结果越比越进步；愚蠢的人只会用自己的长处与别人的短处比，结果越比越落后。

鸡鸭比脚

鸡与鸭一起散步，鸡嫌鸭走得慢，埋怨道："真是个鸭脚板！"鸭说："我们鸭的脚指头都是连着的，虽然走得慢，但可以在水里游泳，而你们鸡就不可以。"

鸡恍然大悟："难怪我们不能游泳！还是你们鸭好，既能在水中游，又能在地上走，两栖生活多美好啊！我刚才嫌你走得慢，失礼了，请你原谅。"鸭子笑道："没关系，你们走得快是你们的优势。"

金无足赤，人无完人；知人者智，自知者明。没有哪个人只有优点或者只有缺点，不能只用一把

尺子去量别人的短处、量自己的长处，否则就会狂妄自大、停滞不前。

在现实生活中，要正确运用两把尺子，一把量别人的长处，一把量自己的短处，随时随地发现和学习别人的长处，找出自己的短处，方能取长补短，不断地提升自己、完善自己。

做好自己

葡萄树和西瓜藤生长在一起。一只公鸡走过来问它们："你们一个结的果比乒乓球还小，一个结的果比足球还大，怎么还愿意生长在一起，难道不会互相攀比吗？"

葡萄树和西瓜藤异口同声地答道："有什么可攀比的？我们各有各的优点，葡萄虽小但长在高处，西瓜虽在地上但个头大。我们只要做好自己就可以了。"

公鸡赞扬道："你们的心态真好！难怪长在你们身上的葡萄、西瓜个个香甜。"

印度思想大师奥修说："玫瑰就是玫瑰，莲花就是莲花，只要去看，不要比较。"

一个人因自身优势而骄傲或因自身劣势而沮丧，都是非常愚蠢的表现。每个人都有自己的优势，也都有自己的劣势，勇于面对事实，承认自己有所能有所不能，才能充分认识并发挥自己的优势，劣势也就不会凸显甚至能有所弥补。

肥猪减肥

两只肥猪夸大狗通人性、跑得快，大狗高兴地建议它们减肥，说只有这样才能跑得快，得到主人的喜欢。

一只肥猪说："我们的肉就是我们的优势，肉多主人才喜欢，怎么能减肥呢？"

另一只肥猪觉得大狗的建议非常好，坚持吃了减肥药，体重果然迅速下降了。结果，主人以为这只猪得了病，就把它宰了。

经营自己的长处，能使人生增值；经营自己的短处，能使人生贬值。

每一个人都应该清晰地认识自己的优势，从自身实际出发考虑问题，才不致误入歧途。不顾主客观条件，盲目仿效别人，终会失去自我优势，弄巧成拙，造成悲剧。

第
8
辑

自信能行

自信是最好的心理暗示。自信的人即使看不见远方，但心中有远方的模样；即使暂时看不到希望，但知道只要努力就会慢慢靠近梦想。

不是每个人都可以成为伟人，但是每个人都可以成为内心强大的人。相信自己行，才会真正行。有了自信，就能积极地面对一切，今天暂不行，明天争取行，终有一天能登上成功的山顶。

昂起头来真美

一个小女孩觉得自己长得不够漂亮，总是低头走路。有一天，她到商店买了一个蝴蝶结发夹，店主赞美她戴上很漂亮，她高兴极了，不由得昂起了头，就连出店门时与人撞了一下都没在意。

小女孩昂头走进学校时碰到了班主任，班主任夸她："昂起头来的你真美！"一路上，许多同学也夸她漂亮，她想一定是蝴蝶结发夹的功劳。结果她到镜子前一照，才发现头上根本没有蝴蝶结发夹。原来，蝴蝶结发夹早在她出店门时被人撞掉了。

自信就是一种美丽，自信的光芒会让平凡的外

表熠熠生辉。无论是貌若天仙，还是相貌平平，只要你昂起头来，你就是最美的人。

世界上的每一个“我”都是独一无二的，要学会欣赏自己、珍爱自己，让自信为成功开路，让自己因自信而闪闪发光。

放飞气球

一位卖氢气球的老奶奶推着货车进了公园，白人小孩一窝蜂地跑了上去，每人买了一个气球，兴高采烈地追逐着放飞的气球。

白人小孩都跑开后，一个黑人小男孩怯生生地走到老奶奶的货车旁，用略带恳求的语气问道：“老奶奶，您能卖给我一个气球吗？”老奶奶温和地说：“当然可以！你想要什么颜色的气球？”黑人小男孩鼓起勇气说：“我要一个黑色的。”老奶奶慈爱地递给他一个黑色的气球。

接过黑色气球后，黑人小男孩小手一松，开心地看着黑色气球缓缓上升。老奶奶用手轻轻地拍了拍黑人小男孩的后脑勺，说：“好孩子，你要记住，无论什么颜色的氢气球都能飞起来，因为里面充满了氢气。只要你有自信，你也能和其他白人小孩一样快乐、成功。”

一个人的成败，不是由种族、出身决定的，而是看是否具备自信乐观的心态、坚忍不拔的意志、实现目标的素质和能力。

一个人一旦失去自信，就会失去前进的动力，而一旦充满自信，就会产生强大的内驱力、燃起智慧的火花，最终飞往成功之门。

让心灵先到达

美国探险家约翰·戈达德在15岁的时候写下了自己一生要完成的127个志愿，包括读完莎士比亚、柏拉图和亚里士多德的著作，登上珠穆朗玛峰等。44年后，他完成了106个志愿。

有人问戈达德为什么能实现自己的志愿，将许多“不可能”踩在脚下，戈达德笑着说：“很简单，我只是让心灵先到达那个地方，然后我只需跟着心灵的召唤不断前进就可以了。”

积极的心理暗示会对人的情绪和生理状态产生良好的影响，激发内在潜能，使人进取，催人奋进，

发挥出超常水平。

当你感到自信不足时，不妨暗示自己：“只要是别人做得到的，我也能做到；即使是别人做不到的，我也有可能做得到。”怀着这样的自信心态去做事情，才有可能突破瓶颈、事半功倍。

用不着跑在任何人后面

理查·派克是运动史上赢得奖金最多的赛车选手。他第一次参加比赛回来后，兴奋地对母亲说："有 35 辆车参赛，我是第二名。""你输了！"母亲毫不客气地回答。理查·派克瞪大了眼睛，委屈地说："可这是我第一次参加比赛，而且还有那么多赛车选手。"母亲深情地说："儿子，你要记住，你用不着跑在任何人后面！"

在接下来的 20 年里，理查·派克称霸赛车界，他的许多纪录至今无人打破。当问他成功的原因时，他说："我从未忘记母亲的教诲，她在我为得到第二名而沾沾自喜时，帮我发现了我还可能是第一的希望。"

骄傲自满是通往成功路上的障碍，但不愿争先也是一种错误的人生态度。如果理查·派克连第一名都不愿去争取，不相信自己可以获得第一名，那么他能在 20 年的时间里称霸赛车界吗?

“欲取其中，必求其上；欲取其上，必求其上上。”确立的目标越高，最后的收获就越大。只有志存高远、自信能行、争取机会，才能拥有强大的动力，促使自己不断地提升能力、勇攀高峰。

打破不可能

千百年来，人们一直认为在 4 分钟内跑完一英里是不可能完成的事，但在 1954 年 5 月 6 日，美国运动员班尼斯特打破了这个不可能。他是怎么做到的呢？

原来，每天早上起床后，班尼斯特都会对自己大喊 100 遍：“我一定能在 4 分钟内跑完一英里！我一定能实现我的梦想！我一定能成功！”然后在教练库里顿博士的指导下，进行艰苦的体能训练。最终，他用 3 分 56 秒 6 的成绩打破了一英里长跑的世界纪录。

班尼斯特打破世界纪录的原因是他相信自己能打破世界纪录。大部分突破自我的人，都敢于挑战不可能，并始终坚信自己能突破极限。

美国成功学奠基人奥里森·马登说过："如果我们分析一下那些卓越人物的人格特质，就会看到他们有一个共同的特点：他们在开始做事前，总是充分相信自己的能力，排除一切艰难险阻，直到胜利！"

自信可以把人从困境中解救出来，可以使人在黑暗中看到成功的光芒，可以赋予人不断奋斗的动力。拥有自信，就拥有了成功的一半。

只要信心没被打碎

一位喜爱雕塑的青年想拜一位雕刻家为师，但雕塑家的收徒条件十分苛刻。整整五年，青年每塑好一件作品都会拿去给雕塑家过目，但雕塑家看都不看一眼就毫不留情地将作品打碎。

许多人认为雕塑家不近人情，但他的妻子说了一句意味深长的话："只要信心没被打碎。"果然，坚持不懈的青年最终如愿以偿，成为雕塑家的弟子，并且雕塑水平超越了自己的恩师。

信心是成功者的摇篮。人生总会遇到各种各样意想不到的困难，自信者即使遇到失败，也不会倒

在地上怨天尤人，而会努力站起来、敢于从头再来。这，就是自信的力量。

在竞争日益激烈的社会中，即使生活无情地将我们的奋斗、努力打成碎片，但只要信心没被打碎、只要心中自信火种不灭，我们就可以一次又一次地点燃生命的激情和活力，勇敢地与命运之神抗争，让生命焕发出智慧与坚强的光辉。

用自信识破圈套

在一次欧洲指挥大赛的决赛中，世界著名交响乐指挥家小泽征尔按照乐谱指挥演奏时，发现有不和谐的地方。他以为是乐队演奏错了，便停下来让乐队重新演奏，但仍存在不和谐的声音。这时，在场的作曲家和评委都郑重表明乐谱没有问题，是小泽征尔自己出现错觉。

面对这一批音乐大师和权威人士，小泽征尔思考再三，突然大吼一声："不，一定是乐谱错了！"话音刚落，评委们立即报以热烈的掌声。原来，这是评委们精心设计的圈套，用来检验参赛指挥家在发现乐谱错误但遭到权威人士否认的情况下，能否坚持自己的正确判断。最后，小泽征尔摘取了比赛桂冠。

如果我们认为自己是正确的，那就要自信、要坚持，不要因别人尤其是权威人士的不同意见而动摇改变。要正确对待名利得失，不要为了迎合外界而违心地放弃自己的正确意见。

当然，我们也要警惕盲目自信，真正的自信是知识经验的升华，必须具备长期钻研思考积累的深厚功底。

自信与自靠

在一次宴会上，一个有钱有势的英俊男人对一个年轻貌美的巴黎女郎一见钟情，于是上前搭讪。没料到这位女郎轻蔑地骂道：“站远一点，我最讨厌被一无所长的花花公子挡住视线！”

这个21岁的男人大受打击，决心要离开富裕的家庭，相信只靠自己也能做出一番成就。于是，他只身来到里昂，整天待在图书馆和实验室里发奋求学。在教授的悉心指导和自己的刻苦努力下，他发表学术论文200多篇，并发明了“格式试剂”。1912年，瑞典皇家科学院授予他诺贝尔化学奖。他，就是法国化学家维克多·格林尼亚。

大教育家徐特立说："任何人都应该有自尊心、自信心、独立性，不然就是奴才。但自尊不是轻人，自信不是自满，独立不是孤立。"

每个人都要时常对自己进行深刻审视和严格要求，接纳自己的优点缺点，找到自己的价值所在，努力从自卑走向自信、从失败走向成功、从渺小走向伟大。

自信与自靠是成功的柱石，坚定的信心能使平凡的人做出惊人的事业。

不会飞的鹰

一个人捉到了一只幼鹰，便带回家养在鸡笼里。这只幼鹰和鸡一起啄食、散步、嬉闹和休息，久而久之，以为自己也是一只鸡。

鹰渐渐长大，羽翼丰满了，主人想把它变成猎鹰，但它终日和鸡生活在一起，已经变得和鸡完全一样，根本没有飞的欲望，也不相信自己能飞了。

主人试了各种办法都没法让鹰飞起来，后来他听了一个猎户的建议，把鹰带到山崖上一把扔了出去。

鹰直接掉了下去，不过求生本能使它在慌乱之中拼命地扑打翅膀，就这样，它终于飞起来了！

长期的安逸生活使鹰在潜意识里认为自己是一只鸡，从而失去了飞的欲望，也不相信自己能飞起来，但鹰并没有丧失飞翔的能力，在生死攸关之时，还是激发出了飞翔的潜能。

许多人一事无成，就是因为他们低估了自己的能力，妄自菲薄，以至于缩小了自己的成就。

每个人都应当相信自己能行，不要忽视更不要轻易地否定自己的潜在能力，要敢于试、敢于闯。努力之后，你会发现自己远比想象的还要优秀。

厉害的牛角

一头小牛总是自卑胆小，于是成了受气包，谁都敢欺负它。一天，小牛独自在野外啃着青草，一只老虎突然向它扑了过来。小牛虽然吓得浑身发抖，但还是本能地将牛角转向了这个庞然大物。来不及躲开的老虎直接撞上了尖锐的牛角，倒地不起。

小牛惊呆了，没想到自己的牛角居然这么厉害。消息在动物世界传开后，大家都来到小牛身边，用崇拜的语气说："能打败大老虎，你真是个英雄。"小牛环顾周围激动不已的动物们，又壮起胆子看看倒在地上一动不动的老虎，这才相信自己真的不简单。从此以后，小牛有了自信。

缺乏自信常常是性格软弱和人生失败的主要原因。小牛明明有厉害的牛角，却因为缺乏自信而成了受气包；无意中用牛角战胜了老虎，才使小牛增强了自信。

每个人身上都有别人不具备的特质，做一件事之前先担心自己不行，那你就没有面对的勇气了。只有始终对自己充满信心，才能将不可能的事变成可能、将可能的事变成现实。

第9辑

调整心态

人生的冷暖取决于心灵的温度。心态就是心灵的温度，良好的心态就是改变人生的支点。良好的心态有助于人们正确认识自我，充满自信、有力行动，从而赢得幸福与成功。

今天的你由昨天的心态造就，明天的你由今天的心态造就。心态间的微小差异往往能造成巨大的差距。如果想改变未来，首先就要学会调整心态。有了良好的心态，则美好未来可期。

上山前后

老师把学生带到一座高山前，问："此山如何？"学生说："伟岸。"

老师说："跟我上山吧！"上山的路不好走，学生没一会儿就累了，忍不住抱怨起来："这个山不好，都是碎石路，树也没长好，太过荒凉。"

到了山顶，老师问："此山如何？"学生说："从这远远望去，还是对面的山更美啊！"

老师笑道："上山前，你很轻松愉快，只见山之伟岸；上山时，你很疲惫，只见碎石荒树；到了山顶，你又放松下来，想去看另一座山。"

山没有变，心态在变。因为崇拜，才会只看到山的伟岸；因为抱怨，才会只看到山路的崎岖；因为后悔，才会想去看另一座山。其实，能够体会征服崎岖的快乐，才算真正懂得山之大美。

在人生的旅途中，一花一草、一山一水，远看似理想，美好伟岸；近看似现实，总有缺憾。然而，我们只能往前走，远处繁花总要变成眼前杂草，这就需要我们调整心态，牢牢把握当下，包容、尊重、欣赏人生中的每一处风景。

蜘蛛爬墙

雨后，一只蜘蛛艰难地向墙上已经支离破碎的网爬去。由于墙壁潮湿，它爬到一定的高度时就会掉下来。然而，它还是一次次地向上爬，又一次次地掉下来……

甲看到后，感叹道："我不就是这只蜘蛛吗？整日忙忙碌碌而一无所得。"于是，他失去信心，日渐消沉。

乙看到后，不屑道："这只蜘蛛真愚蠢！为什么不绕到旁边干燥的地方爬上去？我以后可不能像它那样愚蠢。"于是，他变得聪明起来。

丙看到后，感动道："这只蜘蛛屡败屡战，多么坚强啊！我以后也要像它这样百折不挠。"于是，他变得坚强起来。

甲、乙、丙三人看到的是同一只蜘蛛，却因为心态不同而得出不同的人生感悟。甲在挫折面前怯懦不已，终会败下阵来；乙在困难面前想尽办法，终会找到出路；丙在逆境中不屈不挠，终会获得成功。

拥有乐观积极的心态，才能迸发出强大的正能量，拥有充满阳光和希望的人生，否则就会在黑暗和绝望中颓靡消沉、碌碌无为。

想做就能做到

有两位 70 岁的老太太，一个认为人生七十古来稀，自己算是走到人生的尽头了，便开始考虑准备后事；另一个却认为一个人能做什么事，不在于年龄大小，而在于想做什么。

于是，这个老太太开始学习登山，并在之后的 25 年里坚持攀登高山。在 95 岁那年，她登上了日本的富士山，打破了攀登此山的最高年龄纪录。她，就是著名的胡达·克鲁斯老太太。

“人生天地之间，若白驹之过隙，忽然而已。”你的心态就是你真正的主人，要么你去驾驭生命，

要么生命驾驭你，你的心态决定了谁是坐骑、谁是骑师。

以宽恕之心向后看，以希望之心向前看，以同情之心向下看，以感激之心向上看，就能站在灵魂的最高处。

一个人的生活状态和命运轨迹主要取决于心态，用积极的心态指挥思想、控制情绪，才能掌控生活、掌握命运，从而攀向命运的最高峰。

拇指与食指

在一次家长培训班上，校长说："尊敬的各位家长，请你们把右手举起，伸出拇指和食指。"家长们照做后，校长说："各位家长，请回想一下，你们经常对自己的孩子伸出拇指还是食指。"家长们一头雾水，但还是努力回想。

校长解释道："伸出拇指，表示赞扬；伸出食指，表示指责。我们有一部分家长经常伸出拇指表扬和尊重孩子，一部分家长却喜欢用食指指责和指挥孩子。"家长们恍然大悟。

校长笑道："要知道，经常夸奖孩子，孩子就会越变越好；天天责骂孩子，孩子就真的会越来越差。喜欢伸拇指的家长，希望你们继续保持；喜欢伸食指的家长，希望你们把食指变成拇指！”家长们纷纷伸出拇指，赞扬校长讲得真好。

父母的肯定、赞扬、鼓励和重视，是促使孩子进步、增强孩子自信的有效方法。孩子只有具有良好的学习心态，才能积极地克服困难、感受到学习的快乐、获得成长与进步。

人的心灵是脆弱的，需要经常得到鼓励和抚慰。如果遇到任何事情，都能微笑面对，鼓励他人、抚慰自己，就能给每个人的心灵松绑，让忙碌疲惫的心灵得到休息与保养，继续向着人生的目标不断前进。

乐观者与悲观者

一位父亲想要改造自己两个孩子的性格，因为一个孩子过分乐观，而另一个孩子过分悲观。于是，他给悲观的孩子买了许多色泽鲜艳的玩具，把乐观的孩子送进一间堆满马粪的车房。

第二天清晨，父亲看到悲观的孩子泣不成声，便问他："你为什么不玩那些玩具呢？"孩子哭着说："玩了就会坏的。"父亲叹了口气。

父亲走进车房，发现乐观的孩子正兴高采烈地掏着马粪。父亲奇怪地问他："你在干什么呢？"孩子兴高采烈地说："我猜马粪里一定藏着一匹小马，我要把它掏出来！"

乐观和悲观是两种不同的心态，乐观者能够在困难中看到机会，而悲观者即使在机会中也只能看到困难。是满怀希望，还是痛苦失望，决定了人生马车的方向。

在现实生活中，我们不能控制自己的遭遇，却可以控制自己的心态；我们不能改变别人，却可以改变自己。

在挫折面前痛苦不堪，把自己埋进黑暗中不能自拔，以致沉沦、绝望，最后只会毁灭自己；在挫折面前积极乐观，努力在黑暗中寻找微光，才能最终走向光明。

不为碎罐挂念

一天，农民明才与妻子去赶集。在回来的路上，明才不小心摔倒，把一篮子鸭蛋全摔碎了。妻子不停地埋怨明才，明才知道自己做错了事，只好不吭声。

突然，明才与妻子看到前方不远处，一位提着罐子的人不小心把罐子摔碎了，但这个人像什么都没有发生一样，头也不回地走了。

明才与妻子快步追上去，提醒那人：“你的罐子摔碎了。”那人说：“碎了的罐子再也不能恢复原样，那又何必去挂念、惋惜呢？”

盲目坚持不如理智放弃。苦苦挽留夕阳的是傻人，久久感伤春光的是蠢人。什么都不舍得放弃的人，往往会失去更加珍贵的东西。

人难免有失手、失误、失败的时候，有些东西一旦失去，就永远找不回来了。破镜难圆，覆水难收，越不甘心就越痛苦，不如吃一堑长一智，坦然面对失去的痛苦，洒脱地跟过去挥挥手，把现在当作一个新的起点，努力走好前方的路，这样才能“失之东隅，收之桑榆”，既避免了无谓的烦恼纠缠，又争取了更多的奋斗时间。

从不幸中看到万幸

李教授家里被盗走了不少东西，但是他仍然高兴地去上班了。有人问他：“你家里被盗了，怎么你像什么都没有发生一样？”

李教授说：“罗斯福曾在家里失盗后说：‘我现在很快乐。因为贼偷去的是我的东西，而没有伤害我的生命；贼只偷去了我的部分东西，而不是全部；更重要的是，做贼的是他，而不是我。’他的话让我想开了，要善于从光明的角度看问题，从不幸中看到万幸。”

契诃夫说：“要是火柴在你的口袋里燃烧起来，

那你应该高兴，多亏你的口袋不是火药桶；要是你的手指扎了根刺，那你应该高兴，多亏这根刺不是扎在你的眼睛里。”

每个人的一生难免会遭受挫折和失败，不要拿别人的错误来惩罚自己，不要拿自己的错误来惩罚别人，不要拿自己的错误来惩罚自己，而要从不幸中看到万幸，用光明照亮黑暗。要知道，问题不会因为惩罚别人或自己而得到解决，及时止损、总结经验教训才是正解。

没人捆你

一位被烦恼缠身的人想要寻求解脱烦恼的方法。他来到山脚下，看到一位牧童逍遥自在地骑在牛背上吹横笛，便走上前问道：“你看起来很快活，能教给我解脱烦恼的方法吗？”牧童说：“骑在牛背上吹一吹笛子，就什么烦恼也没有了。”他试了试，却无济于事。

这个人只好继续寻找，不久便来到一个山洞里，看见一位老人独坐在洞中，面带满足的微笑。他向老人说明来意。老人问道：“这么说你是来寻求解脱的？”他说：“恳请不吝赐教。”老人笑着问：“有谁捆住你了吗？”“没有。”“既然没人捆住你，又何谈解脱呢？”他蓦然醒悟。

物随心转，境由心造，烦恼皆由心生。心态没有调节好，烦恼就会一个跟着一个来，而且会由小变大、由少变多。

人之所以会陷入烦恼、痛苦的怪圈，就是因为自己产生了无尽的欲望，捆绑了自己的心。心走不出去，就会画地为牢、故步自封。

重视内修，把心态调整好，修清净身、修清静心，断除妄念、不与人比，做好自己、做事认真，问题就会变得简单，烦恼就会不驱而散，自然也就恢复清净自性。

打吊针的树

有一个人得了重病，事业也不顺，于是整日喝酒消愁，人们都叫他“醉人”。

一天，醉人又喝醉了酒，撞到了一棵正在打吊针的病树。醉人摸到药瓶，以为捡到了一瓶酒，准备痛饮一番。病树大声叫停，醉人一下子惊醒了，问病树：“你也在喝酒消愁吗？”

病树说：“我正在接受驱虫治疗，所以需要打吊针。再过两天，我就能痊愈了。我建议你别再喝酒麻痹自己，赶紧好好接受治疗，身体和心理的病才能早日痊愈。”醉人顿悟。

与醉人相比，病树可谓有自知之明，懂得对症下药方能药到病除，及时治疗才能早日痊愈，放纵自己只会让事情越变越糟。

其实，终日烦恼甚至消沉堕落的人并不是遭遇了太多的不幸，而是因为心态消沉、意志麻木。如果想从恶性循环中解脱出来，就必须调整心态、昂扬斗志，勇敢与失败作斗争，既不要怨天尤人，也不要自暴自弃。

调整心态、振作精神的过程也许非常痛苦，但这是对心灵的真正松绑和治疗。只有抛弃不清醒、不真实的“快乐”，才能避免烦恼变成心病。

兔子攀高

一群兔子组织了一场攀爬高杆比赛，有12只兔子报名参赛。看到赛场上10米高的杆子，兔子观众七嘴八舌地议论着："杆子太高了，如果从上面摔下来，肯定会摔死的！"5只参赛的兔子听到后心里害怕，于是慌忙退赛了。

剩下的7只兔子开始比赛，爬到一半时，兔子观众又高声议论道："它们也太逞能了！听说在以前的比赛中，好多兔子都摔成了重伤，有的还摔死了呢！"听了这些话，又有5只兔子害怕不已，赶紧爬下来退赛。

最后，只有两只兔子顽强地往上爬。其中一只兔子每听到兔子观众议论一次，爬的速度就慢一次，最终远远落后于另一只兔子。比赛结束后，兔子观众请冠军兔子介绍经验，它说：“我在耳朵里放了耳塞，这样就什么杂音都听不到，只要一心一意地朝着目标攀登就可以了。”

在通往成功的道路上，不怕万人阻挡，就怕自己投降。

每个人起步的地方都是平等的，只看你敢不敢往上爬。你若心里害怕不前进，或心态崩溃退回来，或患得患失动作慢，那么等别人到达终点时，你就只剩追悔莫及了。

人要有遵从自己内心直觉的勇气和不断调节心态的能力，适时戴上“耳塞”，不被他人的消极观点发出的噪音淹没，从而做出正确的判断，坚持走好自己的路，朝着目标不断前进。

第10辑

养好习惯

总以某种固定方式行事，人便能养成习惯。有些习惯是积极的，可以带来益处；有些习惯是消极的，会带来负面影响。正如莎士比亚所说：“习惯虽然可以是一个使人失去羞耻的魔鬼，但是它也可以做一个天使。”

播种一个习惯，可以收获一个个性；播种一个个性，可以收获一个命运。幸福与否并非取决于天性，而是取决于人的习惯。一个人想要获得幸福的人生，就要改变不良习惯、培养良好习惯。

重视小事

小学一年级一班的几位男生喜欢扯女生的头发，班主任知道后找他们谈话，他们不服气地说：“老师，您至于为这么一点小事批评我们吗？”老师说：“如果你们经常这样做，就会养成欺负别人的坏习惯，那就不是小事了。”

看几位男生还是不服气，班主任接着说：“习惯的力量是顽强而巨大的，人一旦养成习惯，就会不自觉地在这个轨道上运行。好习惯能让你们收获幸福，坏习惯则会把你们引入歧途。”

“凿井者，起于三寸之坎，以就万仞之深。”凿

井的人从很浅的土坑开始挖，然后挖出极深的井。同理，习惯是从小事中积累而成的，一旦养成之后，就很难改变。

习惯的养成如同扣衣服扣子，只要第一粒扣子扣错了，剩余的扣子就都会扣错。因此，人生的扣子从一开始就要扣好，从小事做起、从现在做起、从自己做起，方能养成良好的习惯。

托尔斯泰的日记

托尔斯泰从 6 岁开始就养成了写日记的好习惯，每天都会把有趣的事记下来。9 岁时，他写了一本《外祖父的故事》，里面记满了外祖父打仗时的非凡经历和有趣故事。

托尔斯泰还喜欢每天在日记本上记下激励自己的名言警句，并逐渐发展到把自己关在书屋里终日研读，最后就开始了自己的文学创作之路。丰富而深厚的素材积淀使他的文学作品大受欢迎、广为传播，感动了一代又一代人。

好习惯成就好人生。历史上许多伟大人物的成

就都与他们的良好习惯分不开：马克思在撰写《资本论》时仍坚持每天演算数学题，以培养逻辑思维能力；达尔文从不放过任何一个观察大自然的机会，为科研工作积累了大量的第一手资料……

每天做的事情决定了我们养成什么样的习惯，日复一日的行动决定了我们的命运方向和人生轨迹。我们无法掌控发生在我们身上的所有事情，但我们能控制自己每天做什么。须知，只有主动养成好习惯，才能享受幸福成功的人生。

练好走路

一天下班后，宾馆服务员小斌被经理叫住："小伙子，你会走路吗？"小斌奇怪地说："当然会走呀！我刚才不就走得好好的吗？"经理说："你走路时弯腰驼背，肩膀一高一低，整个人晃来晃去，非常难看。你这样走路，会给顾客留下服务不专业的印象。"小斌听后，不好意思地低下了头。

经理接着说："我来教你怎么走路，你跟着我走一次吧！"只见经理抬头挺胸、目视前方，稳稳当当地走了一个来回。小斌想要学着经理走路，却发现自己真的不会走路了，因为不知道应该先迈左脚还是先迈右脚了。

王尔德说："起先是我们养成习惯，后来是习惯造就我们。"小斌已经养成了走路晃来晃去的坏习惯，给人留下吊儿郎当的印象而不自知，再想改正成端正的走姿就会非常困难，需要付出极大的努力来纠正错误走姿、重塑个人形象。

言谈举止是人际交往中最重要的一张名片，是个人涵养的一面镜子。平常有意识地养成良好的言行举止习惯，站有站相、坐有坐相、走有走相，才能将得体大方内化于心，在任何时间和场合都给别人留下良好的印象。

把鞋脱下

20世纪60年代，苏联发射了第一艘载人宇宙飞船。当时挑选第一个上太空的人时，发生了一个小插曲。

参选的宇航员去参观飞船时，只有加加林一个人在进舱门时把鞋脱了下来——因为他觉得不能穿着鞋进这么贵重的飞船。

加加林的这一个动作让飞船主设计师非常感动，他想："只有把飞船交给一个如此爱惜它的人，我才放心。"于是，在飞船主设计师的推荐下，加加林成了人类历史上第一个飞上太空的宇航员。

俄罗斯教育心理学的奠基人乌申斯基说："好习惯是人在神经系统中存放的资本，这个资本会不断增长，一个人毕生都可以享用它的利息。而坏习惯是道德上无法偿清的债务，这种债务会以不断增长的利息折磨人，使他最好的创举失败，并把他引到道德破产的地步。"

美德大多存在于良好的习惯中。加加林尊重他人、珍惜事物的好习惯，让他成为第一个进入太空的地球人、第一个从太空中看到地球全貌的人。好习惯创造的人生奇迹多么惊人！

扔成习惯

有一年，亚历山大帝王图书馆发生火灾，所藏图书焚烧殆尽，只有一本书幸免于难。

一个穷人在机缘巧合下买下了这本书，发现书里藏着一张小纸片，上面写着：“在黑海边有一块点铁成金的奇石，而且它摸起来是温的。”

穷人开始沿着黑海寻找奇石，为了避免找到重复的石头，每次捡到一块冰凉的石头，他就往海里扔。

终于有一天，穷人捡起一块石头，一摸，是温的！激动的他随手就将奇石扔进了海里。原来，他已经扔成习惯了！

穷人找到苦苦寻觅多时的奇石后，却因往海里扔石头的习惯而做出令他后悔万分的蠢事，错失了改变人生的机会。

习惯是一种顽强而巨大的力量，这种力量是难以察觉的，它会让人在潜意识的支配下做出不经思考的冲动行为。

一个人能否获得成功，主要取决于他是否有良好的习惯，能否在突发事件中做出正确的行动，把握住改变命运的机会。

捡起废纸

福特去一家汽车公司应聘，看到前面三个高学历人士面试出来后都兴高采烈的，觉得自己没有什么希望了。

轮到福特面试时，他敲门后轻轻走进董事长办公室。一进办公室，他就发现地上有一张纸，于是弯腰捡了起来，看清是废纸后，便顺手扔进了一旁的废纸篓里。之后，他走到董事长的办公桌前，说："您好！我是来应聘的福特。"董事长高兴地说："很好，很好！福特先生，你已经被我们录用了。"

福特惊讶地说："董事长，我还没有开始面试，而且前几位条件都比我好，您怎么就直接录用了我？”董事长说：“福特先生，虽然前面三位的学历比你高，而且仪表堂堂，但是他们对一张纸视若无睹。你能看见细节，而且能处理好细节，我认为你将来必成大事，所以我决定录用你。”

福特下意识地捡起纸的动作源自平时良好的习惯，而良好习惯的养成源自对自我的严格要求和对生活的积极态度。

细节决定成败。成功者习惯去做那些失败者不喜欢或不愿做的事，并且能看到那些失败者看不到或忽视的细节。

一次大胆的尝试，一个灿烂的微笑，一个优雅的动作，一种积极的态度……这些都不是偶然的表现，而是良好习惯日积月累的爆发，总有一天会成为生命中意想不到的新起点。

偷 食 的 猫

一只猫养成了在邻居家偷食的坏习惯，不管主人如何骂它，它都不改。

一天，猫主人向邻居道歉，抱怨自家的猫屡教不改，拿它没办法。邻居问：“你的猫偷食回家之后，你怎么处理它偷来的食物呢？”“我还是让它吃了，毕竟不能浪费啊！”猫主人如实说。

邻居严肃地说：“问题就出在这里，你这是对它的偷盗行为的变相鼓励。我家的猫原来也偷食，但是我每次都会把它偷来的食物还回去。如此几次，它就再不偷食了。”

猫主人按照邻居的建议还了食物几次后，这只猫果然就不再偷食了。

马克·吐温说："习惯是很难打破的，谁也不能把它从窗户里抛出去，只能一步一步地哄着它从楼梯上走下来。"

坏习惯一旦养成，想要改正并不容易，有时需要借助别人的力量，寻求有效的改正方法，循序渐进地养成好习惯，切莫因难以改正而姑息纵容。

做一个善于帮助别人改掉坏习惯的人，首先自己就要养成良好的教育习惯——积极主动与外界沟通，多方汲取教育经验，处理问题谨慎果断。

让牛转弯

住在山上的一对父子，每天都要赶牛车下山卖柴。山路崎岖，弯道特别多，父亲有经验，便坐镇驾车；儿子眼神好，便在快转弯时提醒道：“爹，转弯啦！”

一次，父亲生病，儿子一人驾车下山。到了弯道，牛怎么也不肯转弯，儿子下车又推又拉，牛还是一动不动。

儿子灵光一闪，大声叫道：“爹，转弯啦！”牛应声而动。

牛在主人的无意识训练下，养成了听声转弯的

习惯。一旦没有听到习惯的那句“口令”，就无法做出正确的转弯动作。

奥斯特洛夫斯基说：“人应该支配习惯，而决不能让习惯支配自己。”

身处困境时，我们不能依靠习惯来做出判断，不能被动地等着别人的指挥。看似一样的问题，往往有不一样的解决办法。打破习惯思维，敢想敢做，才能借势前进，而不用原地空等、虚耗光阴。

空中鸟和水中鱼

老麻雀向两只小麻雀打招呼说：“早上好，孩子们！你们觉得今天的空气怎么样啊？”两只小麻雀一怔，你看看我、我看看你，其中一只忍不住问：“什么是空气？”

几条在水里游来游去的小鱼听到后哈哈大笑，说：“小麻雀真笨呀，飞在空中却不知空气是什么。”

这时，一条大鱼游过来问它们：“孩子们，你们觉得今天的水质怎么样啊？”几条小鱼一怔，你看看我、我看看你，其中一条忍不住问：“什么是水？”

大鱼笑道：“不识庐山真面目，只缘身在此山中啊！”

习惯成自然，空中鸟和水中鱼对自己的生活环境习以为常，以至于不知道空气和水是什么了。

托尔斯泰说："习惯正一天天地把我们的生活变成某种定型的化石，我们的心灵正在失去自由，成为平静而没有激情的时间之流的奴隶。"

人很容易在自己的生活环境中形成无意识的惯性。想要掌控好自己的生活，想要对生活始终充满激情，就应该时刻保持清醒的自我意识，打破习惯思维，不要无意识地被生活琐事拖着走而忽视生活本身的美丽。

盲目跟随的毛毛虫

毛毛虫们排着队走了一天也没有找到食物，领队的毛毛虫组织大家讨论原因。多数毛毛虫认为只是运气不好，再坚持走走，总会找到的。

一只有学问的毛毛虫说："科学家认为我们具有'跟随者'习性，喜欢盲目地跟着前面的毛毛虫走，完全不知道转弯，更不知道分开走，这样怎么能找到食物呢？"

毛毛虫们听到这里，意识到了自身坏习惯的可怕。领队的毛毛虫听后，决定破除传统习惯，开拓思路，兵分几路，多向寻找。毛毛虫们都表示赞同，果然没一会儿就找到了食物。

习惯如同毛毛虫的排队行为，一旦养成，就会顺着一个方向思考问题、跟着一个模式采取行动，这是很多人的“难治之症”。

其实，人生这个圆上有很多切点，可以做很多条切线，而如何做切线都取决于自己。只要换个角度想问题，善于打破习惯，克服从众心理，就能突破局限、成长自我。

图书在版编目（CIP）数据
识己：人生所贵在知己 / 向德荣主编. —北京：中国工人出版社，2018.12
ISBN 978-7-5008-6916-0
Ⅰ.①识… Ⅱ.①向… Ⅲ.①故事—作品集—中国—当代 Ⅳ.①I247.81
中国版本图书馆CIP数据核字（2018）第289631号

识己：人生所贵在知己

出 版 人　王娇萍
责任编辑　李 丹
责任校对　赵贵芬
责任印制　栾征宇
出版发行　中国工人出版社
地　　址　北京市东城区鼓楼外大街45号　邮编：100120
网　　址　http://www.wp-china.com
电　　话　（010）62005043（总编室）
（010）62005039（出版物流部）
（010）62382916（职工教育分社）
发行热线　（010）62005049　（010）62005042（传真）
经　　销　各地书店
印　　刷　三河市文通印刷包装有限公司
开　　本　880毫米×1230毫米　1/32
印　　张　7.5
字　　数　100千字
版　　次　2019年1月第1版　2019年1月第1次印刷
定　　价　39.00元